知識的追求

胡適論治學途徑

HU SHIH
TALKS ABOUT
SCHOLARSHIP

【胡適深入探討學術研究與讀書方法】

強調科學精神與實證主義在學問中的重要性；
提倡獨立思考、批判精神、強化學術研究的深度……
探討中西學術結合，推動文化與學術的現代化！

目錄

為什麼讀書

讀書不是單為文憑功名，只因為書中可以供給學問知識。可以幫助我們解決困難，可以幫助我們思想。

青年會叫我在未離南方赴北方之前在這裡談談，我很高興，題目是為什麼讀書。現在讀書運動大會開始，青年會揀定了三個演講題目。我看第二題目怎樣讀書很有興味，第三題目讀什麼書更有興味，第一題目無法講，為什麼讀書，連小孩子都知道，講起來很難為情，而且也講不好。所以我今天講這個題目，不免要侵犯其餘兩個題目的範圍，不過我仍舊要為其餘兩位演講的人留一些餘地。現在我就把這個題目來試一下看。我從前也有過一次關於讀書的演講，後來我把那篇演講錄略事修改，編入三集《文存》裡面，那篇文章題目叫做《讀書》，其內容性質較近於第二題目，諸位可以拿來參考。今天我就來試試為什麼讀書這個題目。

從前有一位大哲學家做了一篇《讀書樂》，說到讀書的好處，他說：「書中自有千鐘粟，書中自有黃金屋，書中自有顏如玉。」這意思就是說，讀了書可以做大官，獲厚祿，可以不至於住茅草房子，可以娶得年輕的漂亮太太（臺下哄笑）。諸位聽了笑起來，足見諸位對於這位哲學家所說的話不十分滿意。現在我就講所以要讀書的別的原因。

為什麼要讀書？有三點可以講：第一，因為書是過去已經知道的智識學問和經驗的一種記錄，我們讀書便是要接受這人類的遺產；第二，為要讀書而讀書，讀了書便可以多讀書；第三，讀書可以幫助我們解決困難，應付環境，並可獲得思想材料的來源。我一踏進青年會的大門，就看見許多關於讀書的標語。為什麼讀書？大概諸位看了這些標語就都已知道了，現在我就把以上三點更詳細的說一說。

第一，因為書是代表人類老祖宗傳給我們的智識的遺產，我們接受了這遺產，以此為基礎，可以繼續發揚光大，更在這基礎之上，建立更高深更偉大的智識。人類之所以與別的動物不同，就是因為人有語言文字，可以把智識傳給別人，又傳至後人，再加以印刷術的發明，許多書報便印了出來。人的腦很大，與猴不同，人能造出語言，後來更進一步而有文字，又能刻木刻字；所以人最大的貢獻就是留下過去的智識和經驗，使後人可以節省許多腦力。非洲野蠻人在山野中遇見鹿，他們就畫了一個人和一隻鹿以代信，給後面的人叫他們勿追。但是把智識和經驗遺給兒孫有什麼用處呢？這是有用處的，因為這是前人很好的教訓。現在學校裡各種教科書，如物理、化學、歷史，等等，都是根據幾千年來進步的智識編纂成書的，一年、兩年，或者三年，教完一科。自小學、中學，而至大學畢業，這十六年中所受的教育，都是代表我們老祖宗幾千年來得來的智識學問和經驗。所謂進化，就是叫人節省勞力，蜜蜂雖能築巢，能發明，但傳下來就只有這一點智識，沒有繼續去改革改良，以應付環境，沒有做特別進一步的工作。人呢，達不到目的，就再去求進步，而以前人的智識學問和經驗作參考。如果每樣東西，要個個人從頭學起，而不去利用過去的智識，那不是太麻煩嗎？所以人有了這智識的遺產，就可以自己去成家立業，就可以縮短工作，使有餘力做別的事。

第二點稍複雜，就是為讀書而讀書。讀書不是那麼容易的一件事情，不讀書不能讀書，要能讀書才能多讀書。好比戴了眼鏡，小的可以放大，糊塗的可以看得清楚，遠的可以變為近。讀書也要戴眼鏡。眼鏡越好，讀書的瞭解力也越大。王安石對曾子固說：「讀經而已，則不足以知經。」所以他對於本草、內經、小說，無所不讀，這樣對於經才可以明白一些。王安石說：「致其知而後讀。」

請你們注意，他不說讀書以致知，卻說，先致知而後讀書。讀書固然可以擴充知識；但知識越擴充了，讀書的能力也越大。這便是「為讀書而讀書」的意義。

試舉《詩經》作一個例子。從前的學者把《詩經》看作「美」「刺」的聖書，越講越不通。現在的人應該多預備幾副好眼鏡，人類學的眼鏡、考古學的眼鏡、文法學的眼鏡、文學的眼鏡。眼鏡越多越好，越精越好。例如「野有死麇，白茅包之。有女懷春，吉士誘之」；我們若知道比較民俗學，便可以知道打了野獸送到女子家去求婚，是平常的事。又如「鐘鼓樂之，琴瑟友之」，也不必說什麼文王太姒，只可看作少年男子在女子的門口或窗下奏樂唱和，這也是很平常的事。再從文法方面來觀察，像《詩經》裡「之子於歸」、「黃鳥於飛」、「鳳凰於飛」的「於」字；此外，《詩經》裡又有幾百個的「維」字，還有許多「助詞」、「語詞」，這些都是有作用而無意義的虛字，但以前的人卻從未注意及此。這些字若不明白，《詩經》便不能懂。再說在《墨子》一書裡，有點光學、力學；又有點經濟學。但你要懂得光學，才能懂得墨子所說的光；你要懂得各種智識，才能懂得《墨子》裡一些最難懂的文句。總之，讀書是為了要讀書，多讀書更可以讀書。最大的毛病就在怕讀書，怕讀難書。越難讀的書我們越要征服它們，把它們作為我們的奴隸或嚮導，我們才能夠打倒難書，這才是我們的「讀書樂」。若是我們有了基本的科學知識，那麼，我們在讀書時便能左右逢源。我再說一遍，讀書的目的在於讀書，要讀書越多才可以讀書越多。

第三點，讀書可以幫助解決困難，應付環境，供給思想材料。知識是思想材料的來源。思想可分作五步。思想的起源是大的疑問。吃飯拉屎不用想，但逢著三叉路口，十字街頭那樣的環境，就發生困難了。走東或走西，這樣做或是那樣做，有了困難，才有思想。第二步要把問題弄清，究竟困難在哪一點上。第三步才想到如何解決，這一步，俗話叫做出主意。但主意太多，都採用也不行，必須要挑選。但主意太少，或者竟全無主意，那就更沒有辦法了。第四步就是要選擇一個假定的解決方法。要想到這一個方法能不能解決。若不能，那麼，就換一個；若能，就行了。這好比開鎖，這一個鑰匙開不開，就換一個；假定是可以開的，那麼，問題就解決了。第五步就是證實。凡是有條理的思想都要經過這步，或是逃不了這五個階段。科學家要解決問題，偵探要偵探案件，多經過這五步。

這五步之中，第三步是最重要的關鍵。問題當前，全靠有主意（ideas）。主意從哪兒來呢？從學問經驗中來。沒有智識的人，見了問題，兩眼白瞪瞪，抓耳撓腮，一個主意都想不上來。學問豐富的人，見著困難問題，東一個主意，西一個主意，擠上來，湧上來，請求你錄用。讀書是過去智識學問經驗的記錄，而智識學問經驗就是要用在這時候，所謂養軍千日，用在一朝。否則，學問一些都沒有，遇到困難就要糊塗起來。例如達爾文把生物變遷現象研究了幾十年，卻想不出一個原則去整統他的材料。後來無意中看到馬爾薩斯的人口論，說人口是按照幾何學級數一倍一倍的增加，糧食是按照數學級數增加，達爾文研究了這原則，忽然觸機，就把這原則應用到生物學上去，創了物競天擇的學說。讀了經濟學的書，可以得著一個解決生物學上的困難問題，這便是讀書的功用。古人說：「開卷有益」，正是此意。讀書不是單為文憑功名，只因為書中可以供給學問知識，可以幫助我們解決困難，可以幫助我們思想。又譬如從前的人以為地球是世界的中心，後來天文學家科白尼卻主張太陽是世界的中心，繞著地球而行。據羅素說，科白尼所以這樣的解說，是因為希臘人已經講過這句話；假使希臘沒有這句話，恐怕更不容易有人敢說這句話吧。這也是讀書的好處。有一家書店印了一部舊小說叫做《醒世姻緣》，要我作序。這部書是西周生所著的，印好後在我家藏了六年，我還不曾考出西周生是誰。這部小說講到婚姻問題，其內容是這樣：有個好老婆，不知何故，後來忽然變壞，作者沒有提及解決方法，也沒有想到可以離婚，只說是前世作孽，因為在前世男虐待女，女就投生換樣子，壓迫者變為被壓迫者。這種前世作孽，起先相愛，後來忽變的故事，我彷彿什麼地方看見過。後來忽然想起《聊齋誌異》一書中有一篇和這相類似的筆記，也是說到一個女子，起先怎樣愛著她的丈夫，後來怎樣變為凶太太，便想到這部小說大約是蒲留仙或是蒲留仙的朋友做的。去年我看到一本雜記，也說是蒲留仙做的，不過沒有多大證據。今年我在北京，才找到了證據。這一件事可以解釋剛才我所說的第二點，就是讀書可以幫助讀書，同時也可以解釋第三點，就是讀書可以供給出主意的來源。當初若是沒有主意，到了逢著困難時便要手足無措，所以讀書可以解決問題，就是軍事、政治、財政、思想等問題，也都可以解決，這就是讀書的用處。

我有一位朋友，有一次傍著燈看小說，洋燈裝有油，但是不亮，因為燈芯短了。於是他想到《伊索寓言》裡有一篇故事，說是一隻老鴉要喝瓶中的水，因為瓶太小，得不到水，它就銜石投瓶中，水乃上來。這位朋友是懂得化學的，於是加水於燈中，油乃碰到燈芯。這是看《伊索寓言》給他看小說的幫助。讀書好像用兵，養兵求其能用，否則即使坐擁十萬二十萬的大兵也沒有用處，難道只好等他們「兵變」嗎？

至於「讀什麼書」，下次陳鐘凡先生要講演，今天我也附帶的講一講。我從五歲造成了四十歲，讀了三十五年的書。我可以很誠懇的說，中國舊籍是經不起讀的。中國有五千年文化，「四部」的書已是汗牛充棟。究竟有幾部書應該讀，我也曾經想過。其中有條理有系統的精心結構之作，二千五百年以來恐怕只有半打。「集」是雜貨店，「史」和「子」還是雜貨店。至於「經」，也只是雜貨店，講到內容，可以說沒有一些東西可以給我們改進道德增進智識的幫助的。中國書不夠讀，我們要另開生路，辟殖民地，這條生路，就是每一個少年人必須至少要精通一種外國文字。讀外國語要讀到有樂而無苦，能做到這地步，書中便有無窮樂趣。希望大家不要怕讀書，起初的確要查閱字典，但假使能下一年苦功，繼續不斷做去，那麼，在一二年中定可開闢一個樂園，還只怕求知的慾望太大，來不及讀呢。我總算是老大哥，今天我就根據我過去三十五年讀書的經驗，給你們這一個臨別的忠告。

讀書的習慣重於方法

讀書無捷徑，是沒有什麼簡便省力的方法可言的。讀書的習慣可分為三點：一是勤，二是慎，三是謙。

讀書會進行的步驟，也可以說是採取的方式大概不外三種：

第一種是大家共同選定一本書來讀，然後互相交換自己的心得及感想。

第二種是由下往上的自動方式，就是先由會員共同選定某一個專題，限定範圍，再由指導者按此範圍擬定詳細節目，指定參考書籍。每人須於一定期限內作成報告。

第三種是先由導師擬定許多題目，再由各會員任意選定。研究完畢後寫成報告。

至於讀書的方法我已經講了十多年，不過在目前我覺到讀書全憑先養成好讀書的習慣。讀書無捷徑，是沒有什麼簡便省力的方法可言的。讀書的習慣可分為三點：一是勤，二是慎，三是謙。

勤苦耐勞是成功的基礎，做學問更不能欺己欺人，所以非勤不可。其次謹慎小心也是很重要的，清代的漢學家著名的如高郵王氏父子，段茂堂等的成功，都是遇事不肯輕易放過，旁人看不見的自己便可看見了。如今的放大幾千萬倍的顯微鏡，也不過想把從前看不見的東西現在都看見罷了。謙就是態度的謙虛，自己萬不可先存一點成見，總要不分地域門戶，一概虛心的加以考察後，再決定取捨。這三點都是很要緊的。

其次還有個買書的習慣也是必要的，閒時可多往書攤上逛逛，無論什麼書都要去摸一摸，你的興趣就是憑你伸手亂摸後才知道的。圖書館裡雖有許多的書供你參考，然而這是不夠的。因為你想往上圈畫一下都不能。更不能隨便的批寫。所以至少像對於自己所學的有關的幾本必備書籍，無論如何，就是少買一雙皮鞋，這些書是非買不可的。

青年人要讀書，不必先談方法，要緊的是先養成好讀書、好買書的習慣。

怎樣讀書

讀書的方法，據我個人的經驗，有兩個條件：一、精；二、博。……無論什麼書都讀，往往一本極平常的書中，埋伏著一個很大的暗示。

我們平常讀書的時候，所感到的有三個問題：一、要讀什麼書；二、讀書功用；三、讀書方法。

關於要讀什麼書的一個問題，在《京報》上已經登了許多學者所選定的「青年必讀書」，不過這於青年恐怕未必有多大好處，因為都是選者依照個人的主觀的見解選定的，還不如讀青年自己所愛讀的書好。

讀書的功用，從前的人無非是為做官，或者以為讀了書，「顏如玉」、「黃金屋」一類的東西就會來；現在可不然了，知道讀書是求智識，為做人。

讀書的方法，據我個人的經驗，有兩個條件：一、精；二、博。

精

從前有「讀書三到」的讀書法，實在是很好的；不過覺得三到有點不夠，應該有四到：是眼到、口到、心到、手到。

眼到是個個字都要認得。中國字的一點一撇，外國的a，b，c，d，一點也不可含糊，一點也不可放過。那句話初看似很容易，然而我國人犯這錯誤的毛病的偏是很多。記得有人翻譯英文，誤port為pork，於是葡萄酒一變而為豬肉了。這何嘗不是眼不到的緣故。誰也知道，書是集字而成的，要是字不能認清，就無所謂讀書，也不必求學。

口到前人所謂口到，是把一篇能爛熟地背出來。現在雖沒有人提倡背書，但我們如果遇到詩歌以及精彩的文章，總要背下來，它至少能使我們在作文的時候得到一種好的影響，但不可模仿。中國書固然要如此，外國書也要那樣去做。進一步說：唸書能使我們懂得它文法的結構，和其他的關係。我們有時在小說和劇本上遇到好的句子，尚且要把它記下來，那關於思想學問上的，更是要緊了。

心到是要懂得每一句、每一字的意思。做到這一點，要有另外的幫助，有三個條件：

（一）參考書，如字典、辭典、類書等。平常說：「工欲善其事，必先利其器。」我們讀書，第一要工具完備。

（二）做文法上的分析。

（三）有時須比較、參考、融會、貫通。往往幾個平常的字，有許多解法，倘是輕忽過去，就容易生出錯誤來。例如，英文中的一個turn字，做vt。有15解；作vi。有13解；

作n。有26解；共有54解。又如strike，vt。有31解；vi。有16解；n。有18解；共有65解。又如go，vi。有22解；vt。有3解；n。有9解；共有34解。

又如中文的「言」字、「於」字、「維」字，都是意義很多的，只靠自己的能力有時固然看不懂，字典裡也查不出來，到了這時候非參考比較和融會貫通不可了。

還有前人關於心到很重要的幾句話，拿他來說一說。宋人張載說：「讀書先要會疑，」「於不疑處有疑方是進矣。」又說：「可疑而不疑者，不曾學，學則須疑。」「學貴心悟，守舊無功。」

手到何謂手到？有幾個意思：

（一）標點分段。

（二）查參考書。

（三）做札記。札記分為四種：

（甲）抄錄備忘。

（乙）提要。

還失之矣。」

（丙）記錄心得。記錄心得也很重要，張橫渠曾說：「心中苟有所開，即便札記，否則

（丁）參考諸書而融會貫通之，作有系統之文章。

手到的功用，可以幫助心到。我們平常所吸收進來的思想，無論是聽來的，或者是看來的，不過在腦子裡有一點好或壞的模糊而又零碎的東西罷了。倘若費一番功夫，把它芟除的芟除，整理的整理，綜合起來作成札記，然後那經過整理和綜合的思想，就永久留在腦中，於是這思想就屬於自己的了。

博

就是什麼書都讀。中國人所謂「開卷有益」，原也是這個意思。我們為什麼要博呢？有兩個答案：一、博是為參考；二、博是為做人。

博是為參考有幾個人為什麼要戴眼鏡呢？（學時髦而戴眼鏡的，不在此問題內。）乾脆答一句：是因看不清楚，戴了眼鏡以後，就可以看清楚了。現在戴了眼鏡，看是清楚的，可是不戴眼鏡的時候看去還是糊塗的。王安石先生《答曾子固書》裡說：

讀經而已，則不足以知經。故某自百家諸子之書，至於《難經》、《素問》、《本草》諸

小說，無所不讀；農夫女工，無所不問；然後於經為能知其大體而無疑。蓋後世之學者，與先王之時異矣；不如是，不足以盡聖人故也。……致其知而後讀，以有所去取，故異學不能亂也。唯其不能亂，故能有所去取者，所以明吾道而已。

他「讀經而已，則不足以知經」。我們要推開去說：讀一書而已，則不足以知其書。比如我們要讀《詩經》，最好先去看一看北大的《歌謠週刊》，便覺《詩經》容易懂。倘先去研究一點社會學、文字學、音韻學、考古學等等以後去看《詩經》，就比前更懂得多了。倘若研究一點文學、校勘學、倫理學、心理學、數學、光學以後去看《墨子》，就能全明白了。

大家知道的達爾文研究生物演進狀態的時候，費了三十多年的光陰，積了許多材料，但是總想不出一個簡單的答案來；偶然讀那馬爾薩斯的《人口論》，便大悟起來，瞭解了那生物演化的原則。

所以我們應該多讀書，無論什麼書都讀，往往一本極平常的書中，埋伏著一個很大的暗示。書既是讀得多，則參考資料多，看一本書，就有許多暗示從書外來。用一句話包括起來，就是王安石所謂「致其知而後讀」。

博是為做人像旗杆似的孤零零地只有一技之藝的人固然不好，就是說起來什麼也能說的人，然而一點也不精，彷彿是一張紙，看去雖大，其實沒有什麼實質的也不好。我們理想中的讀書人是又精又博，像金字塔那樣，又大、又高、又尖。所以我說：「為學當如埃及塔，要能博大要能高。」

找書的快樂

找書有甘苦，真偽費推敲。所謂有計劃的找書，便是用「大膽的假設，小心的求證」方法去找書。

我不是藏書家，只不過是一個愛讀書、能夠用書的書生，自己買書的時候，總是先買工具書，然後才買本行書，換一行時，就得另外買一種書。今年我六十九歲了，還不知道自己的本行到底是哪一門？是中國哲學呢？還是中國思想史？抑或是中國文學史？或者是中國小說史？《水經注》？中國佛教思想史？中國禪宗史？我所說的「本行」，其實就是我的興趣，興趣愈多就愈不能不收書了。十一年前我離開北平時，已經有一百箱的書，大約有一二萬冊。離開北平以前的幾小時，我曾經暗想著：我不是藏書家，但卻是用書家。收集了這麼多的書，捨棄了太可惜，帶吧，因為坐飛機又帶不了。結果只帶了一些筆記，並且在那一二萬冊書中，挑選了一部書，作為對一二萬冊書的紀念，這一部書就是殘本的《紅樓夢》。四本只有十六回，這四本《紅樓夢》可以說是世界上最老的抄本。收集了幾十年的書，到末了只帶了四本，等於當兵繳了械，我也變成一個沒有棍子、沒有猴子的變把戲的叫花子。

這十一年來，又蒙朋友送了我很多書，加上歷年來自己新買的書，又把我現在住的地方堆滿了，但是這都是些不相干的書，自己本行的書一本也沒有。找資料還需要依靠中研院史語所的圖書館和別的圖書館，如臺灣大學圖書館、中央圖書館等救急。

找書有甘苦，真偽費推敲

我這個用書的舊書生，一生找書的快樂固然有，但是找不到書的苦處也嘗到過。民國九年（1920年）七月，我開始寫《水滸傳考證》的時候，參考的材料只有金聖嘆的七十一回本《水滸傳》、《征四寇》及《水滸後傳》等，至於《水滸傳》的一百回本、一百一十回本、一百一十五回本、一百廿回本、一百廿四回本，還都沒有看到。等我的《水滸傳考證》問世的時候，日本才發現《水滸》的一百一十五回本及一百回本、一百一十回本及一百廿回本。同時我自己也找到了一百一十五回本及一百廿四回本。做考據工作，沒有書是很可憐的。考證《紅樓夢》的時候，人家知道的材料很多，普通所看到的《紅樓夢》都是一百廿回本。這種一百廿回本並非真的《紅樓夢》。曹雪芹四十多歲死去時，只寫到八十回，後來由程偉元、高鶚合作，一個出錢，一個出力，完成了後四十回。乾隆五十六年的活字版排出了一百廿回的初版本，書前有程、高二人的《序文》，說：

世人都想看到《紅樓夢》的全本，前八十回中黛玉未死，寶玉未娶，大家極想知道這本書的結局如何？但卻無人找到全的《紅樓夢》。近因程、高二人在一賣糖攤子上發現有一大卷舊書，細看之下，竟是世人遍尋無著的《紅樓夢》後四十回，因此特加校訂，與前八十回一併刊出。

可是天下這樣巧的事很少，所以我猜想《序文》中的說法不可靠。

考證《紅樓夢》，清查曹雪芹

三十年前我考證《紅樓夢》時，曾經提出兩個問題，這是研究紅學的人值得研究的：一、《紅樓夢》的作者是誰？作者是怎樣一個人？他的家世如何？家世傳記有沒有可考的資料？曹雪芹所寫的那些繁華世界是有根據的嗎？還是關著門自己胡謅亂說？二、《紅樓夢》的版本問題，是八十回？還是一百二十回？後四十回是哪裡來的？那時候有七八種《紅樓夢》的考證，俞平伯、顧頡剛都幫我找過材料。最初發現乾隆五十七年（1792年）有程偉元《序》的乙本，其中並有高鶚的《序文》及引言七條，以後發現早一年出版的甲本，證明後四十回是高鶚所續，而由程偉元出錢活字刊印。又從其他許多材料裡知道曹雪芹家為江南的織造世職，專為皇室紡織綢緞，供給宮內帝后、妃嬪及太子、王孫等穿戴，或者供皇帝賞賜臣下。後來在清理故宮時，從康熙皇帝一祕密抽屜內發現若干文件，知道曹雪芹的祖父曹寅，等於皇帝派出的特務，負責察看民心年成，或是退休丞相的動態，由此可知曹家為闊綽大戶。《紅樓夢》中有一段說到王熙鳳和李嬤嬤談皇帝南巡，下榻賈家，可知是真的事實。以後我又經河南的一位張先生指點，找到楊鐘羲的《雪橋詩話》及《八旗經文》，以及有關愛新覺羅宗室敦誠、敦敏的記載，知道曹雪芹名，號雪芹，是曹寅的孫子，接著又找到了《八旗人詩抄》、《熙朝雅頌集》，找到敦誠、敦敏兄弟賜送曹雪芹的詩，又找到敦誠的《四松堂集》，是一本清抄未刪底本，其中有挽曹雪芹的詩，內有「四十年華付杳冥」句，下款年月日為甲申（即乾隆甲申廿九年，西曆 1764 年）。從這裡可以知道曹雪芹去世的年代，他的年齡為四十歲左右。

險失好材料，再評《石頭記》

民國十六年我從歐美返國，住在上海，有人寫信告訴我，要賣一本《脂硯齋評石頭記》給我，那時我以為自己的資料已經很多，未加理會。不久以後和徐志摩在上海辦新月書店，那人又將書送來給我看，原來是甲戌年手抄再評本，雖然只有十六回，但卻包括了很多重要史料。裡面有：「壬午除夕，書未成，芹為淚盡而逝。甲午八月淚筆」的句子，指出曹雪芹逝於乾隆廿七年冬，即西曆一七六三年二月十二日。「字字看來皆是血，十年辛苦不尋常」詩句，充分描繪出曹雪芹寫《紅樓夢》時的情態。脂硯齋則可能是曹雪芹的太太或朋友。自從民國十七年二月我發表了《考證紅樓夢的新材料》之後，大家才注意到《脂硯齋評本石頭記》。不過，我後來又在民國廿二年從徐星署先生處借來一部庚辰秋定本脂硯齋四閱評過的《石頭記》，是乾隆廿五年本，八十回，其中缺六十四、六十七兩回。

談《儒林外史》，推贊吳敬梓

現在再談談我對《儒林外史》的考證。《儒林外史》是部罵當時教育制度的書，批評政治制度中的科舉制度。我起初發現的只有吳敬梓的《文木山房集》中的賦一卷（4篇），詩二卷（131首），詞一卷（47首），拿這當做材料。但是在一百年前，我國的大詩人金和，他在跋《儒林外史》時，說他收有《文木山房集》，有文五卷。可是一般人都說《文木山房集》沒有刻本，我不相信，便託人在北京的書店找，找了幾年都沒有結果，到了民國七年才在帶經堂書店找到。我用這本集子參考安徽《全椒縣誌》，寫成一本一萬八千字的《吳敬梓年譜》，中國小說傳記資料，沒有一個能比這更多的，民國十四年我把這本書排印問世。

如果拿曹雪芹和吳敬梓二人作一個比較，我覺得曹雪芹的思想很平凡，而吳敬梓的思想則是超過當時的時代，有著強烈的反抗意識。吳敬梓在《儒林外史》裡，嚴刻地批評教育制度，而且有他的較科學化的觀念。

有計劃找書，考證神會僧

前面談到的都是沒有計劃的找書，有計劃的找書更是其樂無窮。所謂有計劃的找書，便是用「大膽的假設，小心的求證」方法去找書。現在再拿我找神會和尚的事做例子，這是我有計劃的找書。神會和尚是唐代禪宗七祖大師，我從《宋高僧傳》的慧能和神會傳裡發現神會和尚的重要，當時便作了個大膽的假設，猜想有關神會和尚的資料只有日本和敦煌兩地可以發現。因為唐朝時，日本派人來中國留學的很多，一定帶回去不少史料。經過「小心的求證」，後來果然在日本找到宗密的《圓覺大疏抄》和《禪源諸詮集》，另外又在巴黎的國家圖書館及倫敦的大英博物館發現數卷神會和尚的資料。知道神會和尚是湖北襄陽人，到洛陽、長安傳播大乘佛法，並指陳當時的兩京法祖三帝國師非禪宗嫡傳，遠在廣東的六祖慧能才是真正禪宗一脈相傳下來的。但是神會的這些指陳不為當時政府所取信，反而貶走神會。剛好那時發生安史之亂，唐玄宗遠避四川，肅宗召郭子儀平亂，這時國家財政貧乏，軍隊餉銀只好用度牒代替，如此必須要有一位高僧宣揚佛法令人樂於接受度牒。神會和尚就擔任了這項推行度碟的任務。郭子儀收復兩京（洛陽、長安），軍餉的來源，不得不歸功神會。安史之亂平了後，肅宗迎請神會入宮奉養，並且尊神會為禪宗七祖，所以神會是南宗的急先鋒，北宗的毀滅者，新禪學的建立者，《壇經》的創作者，在中國佛教史上沒有第二個人有這樣偉大的功勛。我所研究（編校）的《神會和尚遺集》可望在明年由「中央研究院」歷史語言研究所出版。

最後，根據我個人幾十年來找書的經驗，發現我們過去的藏書的範圍是褊狹的，過去收書的目標集中於收藏古董，小說之類絕不在藏書之列。但我們必須瞭解瞭解，真正收書的態度，是要無所不收的。

中國書的收集法

今天我們講書的收集法，是極端主張要博，再從博而專門，古董家和道學家的方法是絕對要不得的。

王雲五先生告訴我說，眾位在這裡研究圖書館學，每星期請專家來講演。我這個人，可以說是不名一家。白話文是大家做的，不能說專家；整理國故，實在說不上家。所以我今天來講，並不是以專家的資格。並且我今天所講的，是書的問題。書這樣東西，沒有人可以說是專家的；圖書館範圍非常廣博，尤其更不配說專家。我家裡書很多，可是亂七八糟，沒有方法去整理。當我要書的時候，我寫信去說：我要的書是在進門左手第三行第三格。我的書只是憑記憶所及，胡亂的放著。但是近來幾次的搬家，這個進門左手第幾行第幾格的方法，已經不適用了。現在我的書，有的在北平，有的在上海，有的在箱子裡，有的在書架上。將來生活安定了，把所有的書集中在一處佈置起來，還須請眾位替我幫忙整理。因為我是完全不懂方法的。

近來我在國內國外走走，與一些中國圖書館家談談，每每得到一個結論，就是學圖書館的人很多，但是懂得書的人很少。學圖書館的人，學了分類、管理就夠了，於是大家研究分類，你有一個新的分類法，他有一個新的分類法。其實這個東西是不很重要的，尤其是小規模的圖書館。在小圖書館裡，不得已的時候，只須用兩種方法來分類：一是人名，一是書名，就夠了。圖書館的中心問題，是要懂得書。圖書館學中的檢字方法、分類方法、管理方法，比較起來是很容易的，一個星期學，幾個星期練習，就可以畢業。但是必定要懂得書，才可以說是圖書館專家。叫花子要猴子，有了猴子，才可以要；舞棍，有了棍，才可以舞。分類法的本身是很抽象的，書很少，自然沒有地方逞本事；有了書，也要知道他的內容。這本 pasteur 巴斯德的傳，應該放在什麼地方？是化學家呢，還是生物學家，醫學或衛生學家，就徬徨無措。無論你的方法是如何周全精密，不懂得內容，是無從分類起的。圖書館學者，學了一個星期，實習了幾個星期，這不過是門徑。如果要把他做終身的事業，就要懂得書，懂得書，才可以買書、收書、鑒定書、類分書。眾位將來去到各地服務的時候，我要提出一個警告，就是但懂得方法而不懂得書，是沒有用的。你們的地位，只能做館員，而不能做館長的。

今天我所講的，是怎樣去收集書。收書是圖書館很重要的事。可是要收的，實在不少，有舊書，有新書，有外國書，有中國書。外國書自然是要懂得外國文字的人，才有收的方法。如果不懂得外國文字，便是講也沒有用處的。要懂書，有三個重要的辦法：（一）

愛書。把書當做心愛的東西，和守財奴愛錢一樣。（二）讀書。時時刻刻的讀，繼續不斷的讀，唯有讀書才能懂書。最低的限度也要常常去看。（三）多開生路。生路多了，自然會活泛。因此，外國語不能不懂，一日語，二英語，三法語，四德語，五俄語，能多懂了一種，便多了一種的好處。生路開的多了，才能講收書，無論新的、舊的，中國的、外國的，都得知道他的內容，這樣便是分類也有了辦法。

我今天的題目是《中國書的收集法》。吳稚暉先生這幾年來常說：中國的線裝書，都應該丟到茅廁裡去。這句話在精神上是很可贊成的。因為在現在的中國，的確該提倡些物質文明，無用的書可以丟掉，但是他安頓線裝書的法子，實在不好。茅廁不是擺書的好地方，而且太不衛生。所以我提議把線裝書一齊收集起來，放到圖書館去，所謂束之高閣。整理好了，備而不用，隨時由專門學者去研究參考。那麼中國書當如何收集呢？從前收集中國書，最容易犯兩個大毛病：一是古董家的收集法，一是理學家的收集法。

古董家的收集法，是專講版本的。比方藏書，大家知道北平的藏書大家傅沅叔先生，他收書，就不收明朝嘉靖以後的書。清朝的書，雖也收一點，但只限康熙、雍正、乾隆三朝的精刻本。亦有些人更進一步，非宋不收，而且只限於北宋：他們以為北宋版是初刻本，當然更好。不論是哪一種書，只要是宋版，便要收藏。因此這一類書，價錢就很貴。譬如《資治通鑒》，是一部極平常的史書，什麼地方都可以買。好古的收藏家，如果遇見宋刻的《資治通鑒》，都千方百計的要弄到他，就是他三千、五千、一萬、兩萬而得到一部不完整的本子，也是願意的。現在剛刻出來的一本《宋刑統》，這一部書，包括宋朝一代的政治法令，本來沒有人注意到，大理院刻了這部書，在歷史上很占重要的地位。可是古董式的收藏家，他不肯花數十塊錢買一部《宋刑統》，卻肯花三千、五千、一萬、兩萬買不完整的宋刻《資治通鑒》。拿這種態度收書，有許多毛病：（一）太奢侈。用極貴的價錢，收極平常的書，太不合算。諸位將來都是到各地去辦小規模的圖書館的，這種圖書館，當然沒有錢做這樣的事情。便是有錢，我以為也不必的。（二）範圍太窄。譬如說，明朝嘉靖以後的書，一概不收；清朝本子刻得好的，才收一點。他們收的書，都是破銅爛鐵，用處實在很少，只有古董的價值，完全沒有歷史的眼光，唯有給學者作校勘舊本之用。比方一部宋版的《資治通鑒》，他因為刻得最早，錯誤的可能性少一點，如果用他校勘旁的版本，當然有許多利益。諸位寫一篇千字的文章，自己初抄的時候，抄錯一個字；可是給人家第二次抄錄的時候，就錯了兩個字。這樣以訛傳訛，也許會錯到五六字、十餘字的。如果把原本對照，就可以改正好多。所以買舊本的用處，至多只是供校勘學者的校勘而已。如果要使人知道古書是怎麼樣子的，那麼說句乾脆話，還不如交給博物館去保存的好。而且嚴格的說一句，宋本古本，不一定是好的。我們一百年來曉得校勘本子，不在乎古而在乎精。比方a、b、c三個本子，在宋朝時候據a本校勘成為d本，便稱宋版；而e本呢，是收a、b、c三本參考校勘而成的，可說是明版。這樣看來，明版也許比宋版精粹些，說明如下：

理學家的收集法，是完全用理學家的眼光來收書的。這一種收集法，比古董家還不好。古董家的眼光，如果這書是古的，他就收去。比方《四部叢刊》中間的《太平樂府》是刻得很壞的，這裡面的東西，都是元朝堂子裡的姑娘所唱的小曲子，經楊朝雲編在一處，才保存到現在。如果撞在道學家手裡，不知到什麼地方去了。古董家因為看見他難得，所以把他收進去，使我們曉得元朝的小曲子是一種什麼樣子的東西。董康先生翻刻的《五代史平話》，原是極破爛的一本書，但是因為古的關係，居然有人把他刻出來，保全了這本書。這是第一種比第二種好的地方。還有一種好處，就是古董家雖然不懂這破爛的書，可是放著也好。要是用道學家的眼光收書，有很大的毛病。《四庫全書》是一個很大的收集（collection），但是清乾隆皇帝所頒的上諭，和提要中，口口聲聲說是要蒐集有關世道人心的書。我們查書中的幾篇上諭，就可以知道：他小曲子不要，小學不要；他所收的，都是他認為與世道人心無妨礙的。拿這個標準收書，就去掉了不少有用的書。他的弊端很大：（一）門類太窄。《四庫全書》是大半根據《永樂大典》集出來的。《永樂大典》的收集法亂七八糟，什麼書都收在裡面，戲也有，詞曲也有，小學也有。他的收集法，是按韻排列的。譬如這部戲曲是「微」韻，就收入「微」韻裡。可是到了清朝，那些學者的大臣，學者的皇帝，帶上了道學家的幌子，把《永樂大典》中保存的許多有用的書，都去掉了。自此用道學家的眼光收書，門類未免太狹。（二）因人廢言。用道學家的眼光收書，常常因人的關係，去掉許多有用的書。比方明朝的嚴嵩，是當初很有名的文學家，詩文詞賦，都占極高的地位，可是在道學家的眼光看來，他是一個大奸臣，因此《四庫全書》中，便不收他的東西。又如姚廣孝，是永樂皇帝——明成祖的功臣。他是一個和尚，詩文都好，但是因為幫永樂篡位，所以他的作品也不被收。又像明末清初的吳梅村等，都是了不得的人才，三百年來，他的文字要占極高的地位。不過因為他在明朝做了官，又在清朝做官，便叫臣。他的作品，也就不能存在。（三）因辭廢言。用道學家的眼光收書，對於人往往有成見。其實這是很可笑的。往往因文字上忌諱的緣故，把他的作品去掉，這是很不對的。譬如用國民黨的眼光去排斥書，是有成見的；用共產黨的眼光排斥書，也是有成見的。同為某種事實而排斥某種書，都是講不過去的。《四庫全書》中有許多書不予收入，而且另外刊入《禁書目錄》。有些明朝末葉的書，有詆毀清朝的，都在銷毀之列。因此用道學家的眼光收書，是很不對的。（四）門戶之見太深。門戶之見，道學家最免不掉。程朱之學與陸王之學，是互相排斥的，兩者便格格不入。所以程、朱的一流對於王學，每認為異端，拒而不收；王陽明的東西尚不肯收，那麼等而下之，自然不必說了。王派對於朱學，也積口詆毀。至於佛家、道家，也在排斥之列。《四庫全書》關於道家的書，完全沒有放進去。在中國，這學派門戶之見實在很多。總而言之，門類太窄，因人廢言，因辭廢言，或者為了學派門戶的成見，以批評人的眼光抹煞他的書，就冤抑了許多有價值的書。如果在一百餘年以前，他們的眼光能放得大些，不要說把銷毀的書保留起來，如能將禁書收進去，也可為我們保留了不少的材料。在那個時候，沒有遭大亂，太平天國的亂事沒有起，圓明園也沒有燒燬，假如能放大眼光，是何等的好。可是因為中了這種種的毒，所以永遠辦不到。

今天我講的，是第三種方法。這個方法，還沒有相當的名字，我叫他雜貨店的收書法。明白地說，就是無書不收的收書法。不論甚麼東西，只要是書，就一律都要。這個辦法，並不是杜撰的。上次顧頡剛先生代表廣州中山大學，拿了幾萬塊錢出來收書，就是這樣辦法。人家笑話他，他還刊了一本小冊子說明他的方法。這書，王先生也許看見過。他到杭州、上海、蘇州等處，到了一處，就通知舊書鋪，叫他把所有的書通通開個單子，就儘量的收下來，什麼《三字經》、《千字文》、醫書，和從前的朱卷都要。秀才的八股卷子也要，帳簿也要，老太太寫得不通的信稿子也要，小熱昏、灘簧、算命書、看相書，甚至人家的押契，女兒的禮單，和喪事人家帳房先生所開的單子（如槓夫多少，旗傘多少，如何排場等）的東西都要。攤頭上印得很惡劣的唱本、畫冊，一應都收了來。人家以為寶貝的書，他卻不收。他怕人家不瞭解，印了一個冊子去說明，可是人家總當他是外行，是大傻子，被人笑煞。不過我今天同諸位談談，收集舊書，這個方法最好。他的好處在哪裡呢？（一）把收書的範圍擴大，所謂無所不收。不管他是古，是今；是好版本，是壞版本；有價值，沒有價值，通通收來，材料非常豐富。（二）可免得自己來去取。不懂得書，要去選擇，是多麼麻煩的事。照這樣子的收書，不管他阿貓阿狗，有價值，沒有價值，一概都要。如果用主觀來去取書、選擇書，還是免不掉用新的道學家的眼光來替代老的道學家的眼光，是最不妥當的事。（三）保存無數的史料。比方人家大出喪，這個出喪單子，好像沒有用處，但是你如果保存起來，也有不少的用途，可在歷史上留下一個很好的記載。像虞洽卿先生的夫人死了，就有大規模的出喪，儀仗很盛。那時人家只看見了這樣的出喪，卻沒有人去照相，去詳細記載。如果找到了虞先生的帳房先生，要了那張單子，就知道他們這次出喪多少排場，多少費用，給社會學者留下很好的材料。將來的人，也可以知道在中華民國十七年月日，上海人家，還有這樣的大出喪。這種史料，是再好不過的。（四）所花費少而所收多。譬如八股文，現在看來是最沒有用的東西，簡直和破紙一樣，可以稱斤的賣去；可是八股文這種東西在中國五百年的歷史上向來占極重要的地位。幾百萬最高的階級——所謂第一類人才的知識階級，把他全部的精神都放在裡面。我們想想，這與五百年來學者極有關係的東西，是不是歷史上最重要的材料；而且這個東西，再過十年八年，也許要沒有了。現在費很少的錢，把他收了，將來價格一貴，就可不收。而且還可以一集、二集的印出來賣錢，甚麼成化啊，宏治啊，嘉靖啊，式式都有。到沒有的時候，也許會利市三倍呢！（五）偶然發現極好的材料。這種稱斤的東西，裡面常有不少的好材料。如果在幾十斤、幾百斤破爛東西中，得到了一本好材料，所花費的錢，已經很值得了。

有人問我：你不贊成古董家的收書法，又不贊成道學家的收書法，那麼這個雜貨店的收書法，原則是什麼呢？當然，雜貨店不能稱是原則，他的原則，是用歷史家的眼光來收書。從前紹興人章學誠（實齋）說：「六經皆史也。」人家當初都不相信他，以為是謬論。用現在的眼光來看這句話，其實還幼稚得很。我們可以說：「一切的書籍，都是歷史的材料。」中國書向來分為經、史、子、集四類，經不過是總集而已，章學誠已認他是史。史當然是歷史。所謂集，是個人思想的集體合？，究其實，也淵源於史，所以是一種史料。子和集，性質相同。譬如《莊子》、《墨子》，就是莊子、墨子的文集，亦是史料。所以大概研究哲學史，就到子書裡去找。這樣看來，一切的書，的確都是歷史的材料。

虞洽卿家裡的喪禮單是歷史，算命單也是歷史。某某人到某某地方算命，這就表示在民國年月日還有人算命，是很好的一種社會歷史和思想史料。《三字經》和《百家姓》，好像沒有用了，其實都是史料。假如我做一部《中國教育史》，《三字經》和《百家姓》，就占一個很重要的地位，必須研究他從什麼時候起的，他的勢力是怎麼樣。又像描紅的小格子，從前賣一個小錢一張，他在什麼時候起的，什麼時候止的，都是教育史上的好材料，因為從前讀書，差不多都寫這種字的。從前有某某圖書館徵求民國以前的《三字經》刻本，都沒有徵求到，可知這種東西到了沒有的時候，是極可貴的。我小時候讀書，把南京李廣明記的很熟，因為所讀的《三字經》、《千字文》、《百家姓》和《學而》——《論語》首章等，都是從李廣明來的。李廣明在教育史上，也有一個相當的地位。此外如《幼學瓊林》啊，《神童詩》啊，《千家詩》啊，都是教育史料。至於八股文，乃是最重要的文學史料、教育史料、思想史料、哲學史料。所謂灘簧、唱本、小熱昏，也是文學史料，可以代表一個時代的平民文字學。諸位要知道文學中最重要的一部分，乃是大多數人最喜歡唱、喜歡念、喜歡做的東西。還有看相的書，同道士先生畫的符，念的咒，都是極好的社會史料和宗教史料、思想史料。婚姻禮單，又是經濟史料和社會史料。講到帳簿，可以說是經濟史料。比方你要研究一個時代的生計，如果有這種東西做參考，才能有所依據，得到正確的答案。英國有人（rojers）專門研究麥價，便是到各地去專找帳簿。麥子在某年是多少錢一擔？價格的變遷如何？農家的出產多少？他是專門蒐集農家、教堂和公共機關的帳簿來比較研究的。這種種的東西，都是極有價值的社會經濟史料。我記得我十歲十一歲時記帳，豆腐只是三個小錢一塊。現在拿帳簿一看，總得三個銅板一塊。在這短短的時期中，竟增加到十倍。數十年後，如果沒有這種材料，哪裡還會知道當時經濟的情況。倘使你有關於和尚廟、尼姑庵等上吊的新材料，你也可以收集起來，因為這是社會風俗史的一部分。人們能用這種眼光來看書，無論他是有無道理，都一概收集，才是真正收書家的態度。我們研究歷史，高明的固然要研究，就是認為下流的，也要研究，才能確切知道一時代的真相。高明到什麼地步，下流到什麼地步？都要切切實實的研究一下。

談到文學，杜工部、李太白的詩，固然是歷史上的重要文學，應該懂的；然而當時老百姓的文字學，也占同一的地位，所以也必須懂得。李、杜的東西，只能代表一般貴族的歷史，並不能說含有充分的平民歷史；老百姓自己的東西才是真正的平民歷史。《金瓶梅》這一部書，大家以為是淫書，在禁止之列。其實也是極好的歷史材料，日本的佛教大學還把他當作課本呢，這個就可見他有歷史的眼光。《金瓶梅》是代表明中葉到晚年一個小小的貴族的一種情形。譬如書中的主人，有一個大老婆，五個小老婆，還有許多姘頭，一家的內幕是如此如此。如果沒有這種書，怎麼能知道當時社會上的一般的情況。此外如《醒世姻緣》小說，不但可以做當時家庭生活的材料，還可知道從前小孩子怎樣上學堂，如何開筆做八股文，都是應該知道的事。要有種種的材料給我們參考，我們才能瞭然於胸中。因此，我們的確應當知道王陽明講的什麼學說，而同時《金瓶梅》中的東西亦應當知道的，因為王陽明和《金瓶梅》，同是代表十五世紀到十六世紀一般的情形，在歷史上有同樣的價值。無論是破銅爛鐵，竹頭木屑，好的壞的，一起都收。要知道，歷史是整個的，無論哪一方面缺了，便不成整個。少了《金瓶梅》，僅知道王陽明，不能說是知道十六世紀的歷史；知道《金瓶梅》，去掉王陽明，也不能說是知道十六世紀的歷史。因此，聖諭廣訓是史料，《品花寶鑒》也是史料，因為他講清朝一種男娼的風氣，兩者缺了一點，就不能算完全。我們還要知道，歷史是繼續不斷的變遷的，要懂得他變遷的痕跡，更不能不曉得整個的歷史是怎樣。拿最近的事情說，國民黨容共時代所出的公文、佈告、標語，他的重要，與分共時代所出的標語、公文、佈告，占同一的地位。而且你們如果不懂容共時代的東西，也斷不能懂得現在的東西。

材料不在乎好壞，只要肯收集，總是有用處的。比方甘肅敦煌石窟裡的破爛東西，都是零落不全的，現在大家都當他寶貝，用照相版、珂羅版印了幾頁，要賣八元、九元、二十元的錢。我們到北平去，也得看見一點敦煌石窟中的東西。敦煌石窟中的東西，是甘肅敦煌縣東南的一個石窟（叫做莫高窟）裡所藏的書。敦煌那個地方有一個千佛洞，在佛教最盛的時候，有二三百座廟。石窟裡都是壁畫，大概是唐人的手筆；亦有六朝晉朝時候的壁畫。因為北方天氣乾燥，所以都沒有壞。有一個廟是專為藏書用的。當初沒有刻本，只有寫本。有的是蠅頭細楷，有的是草字，差不多式式都有。其中佛經最多，亦有雕本，恐怕是世界上最早的了。這裡面有和尚教徒弟的經卷，有和尚念的經咒，女人們刺血寫的符，和尚的伙食帳簿，小和尚的寫字本子，和唱本小調，就是敦煌府的公文，也留在裡面。有許多書有年代可考，大概在西曆紀元五百年起，到一一一〇年光景——東晉到宋真宗時。這許多年代中，有很多的材料，都不斷的保存在這個和尚廟裡。到了北宋初年，那裡起了戰亂，和尚們怕燒掉，就築了牆，把一應文件都封在中間。大概打仗很久，和尚們死的死，逃的逃。從宋真宗時封起，一直到清末庚子年，牆壞了，就修理修理，也不知道中間有什麼東西。直到庚子年，——西曆一九〇〇年，一個道士偶然發現石窟中的藏書，才破了這個祕密。可是這個道士也不當他是寶貝，把他當符籙來賣錢，說是可以治病的。什麼人頭痛，就買一張燒了灰吃下去，說是可以醫頭痛；什麼人腳痛，也買一張燒了灰吃下去，說是可以醫腳痛。這樣賣了七八年，到一九〇七年，才有洋鬼子來了。那是英國的史坦因（stein），他從中亞細亞來，是往北探險去的。他並沒有中國的學問，據說他有一個助手王世庭，學問也並不高明，不過他曾聽說在敦煌發現了許多東西，就去看看，隨便給他多少錢買了大半去。因為不好拿，就捆了幾大捆，裝著走了。過了半年（那是1908年），法國學者伯希和（pelliot）來了，他是有名的學問家，他的中國學問恐怕中國學者也不能及他。不過伯希和很窮，只能在敦煌選了二千多卷，拿到北京。他是很誠實的，還去問問人家，請教人家，於是大家就知道了敦煌有這個東西。清朝的學部也得了這個消息，就打電報給陝甘總都督，叫他把石窟裡的東西通通封好了，送到京師圖書館裡去。那些官員，到這個時候才知道他是寶貝；因為外人都買了裝回本國去，朝廷又要他封送晉京，於是揀完整的、字跡端秀的幾卷，大家偷了去送人，所以偷掉的也不少，現在存在北平的，還有八千餘卷。從東晉到宋朝初年，六百年間，許多史料，都保存在裡頭，真是無價之寶。現在六千餘卷在英國倫敦，二千餘卷在法國巴黎，八千餘卷在北平，一共一萬八千卷左右。我都去看過。在英國、法國的數千卷，那真可愛。他們都用極薄極薄的紙把他裱起來，裝訂成冊；便是殘破了的一角，或是扯下的一個字，也通通裱好了，藏在一處。他的內容，說來很可笑，我剛才說過，小和尚的寫字本子，老和尚念的經卷，和女師刺血寫的東西，樣樣都有。有些和尚們在唸經的時候，忽然春心發動，便胡亂寫一首《十八摸》，哼幾句情詩，也都丟在裡面。各種材料，差不多都有一點。此外如七字的唱本，像《天雨花》、《筆生花》一類的東西，唐朝已經有了，我們只知後代才有，哪裡知道敦煌石窟裡面已有這個東西，可以說是唱本的老祖宗。這在文學史上，是多麼重要的好材料。這不但使我們知道六百年前的宗教史事，就是我們要研究佛家哲學、經濟思想等等許多史料，都可到裡面去找。在那時，很不經意的、亂七八糟的、雜貨店式的把東西丟在一處，不料到九百年後，成了你爭我奪的寶貝。這是此種收書法的很好的證據。

因此諸位如果有心去收，破銅爛鐵，都有用處。我們知道我們憑個人的主觀去選擇各書，是最容易錯誤的。這個要，那個不要，憑藉自己的愛憎來定去取，是最不對的。我們恨灘簧、小調，然而灘簧、小調在整個的文學史上也占極重要的地位。孔子是道學家，可是他刪詩而不刪掉極淫亂的作品，正可充分地表現他有遠大的目光。《詩經》中有兩章如下：

子惠思我，褰裳涉溱；子不我思，豈會他人？狂童之狂也且！

子惠思我，褰裳涉洧；子不我思，豈無他士？狂童之狂也且！

淫亂到了極點。像這首詩，他懷想所歡，竟願渡河以從，並且是人盡可夫。可是孔子並不刪去，否則我們要得二、三千年以上的材料時，試問到哪裡去找？孔子收書，因為有這種態度，這種眼光，所以為中國、為全世界保存了最古、最美、最有價值的文學史料、社會史料、宗教史料、政治史料。假如一有成見，還會有這樣的成功麼？現在流行市面的小報很多，什麼《嘰哩咕嚕》、《嚕哩嚕》、《福爾摩斯》、《晶報》、《大晶報》等，五花八門，為一般人所鄙棄的，可是他們也有他們的用處。我們如果有心收集起來，都是將來極好的文學史料、社會史料。要是在十年、二十年後，再要去找一個《嘰哩咕嚕》或是《嚕哩嚕》，也許沒法得到。我能把他保存起來，十年、二十年後，人家要一個《嘰哩咕嚕》，要一個《嚕哩嚕》，我就可以供給他們，藉此能知道民國十七年上海社會上一般的情形是怎麼樣。當《申報》五十年紀念的時候，他們出了一部紀念冊，可是《申報》館竟沒有一份全份的《申報》，於是登報徵求。結果全中國只有一個人有這麼一份，《申報》館願意出很多的錢去收買，結果是以二萬塊錢去買了來。照我這樣看，覺得二十萬塊錢都值得。以中國之大，或者說是以世界之大，而只有一份不缺的《申報》，你想是多麼可貴呢！所以現在看為極平常而可以隨手棄掉的東西，你如果有一個思想，覺得他是二十年後、二千年後的重要史料，設法保存起來，這些東西，就彌覺可珍了。

我們收集圖書，必須有這種歷史的眼光。個人的眼光有限，所有的意見，也許是錯誤的。人家看為有價值的，我以為無價值；人家看為無價值的，我以為有價值，這種事情很多。我們收書，不能不顧到。所以，（一）要認定我們個人的眼光和意見是有限的，有錯誤的；（二）要知道今天看為平常容易得的東西，明天就沒有，後天也許成了古董。假如我們能存這個觀念，拿歷史的眼光來收書，就是要每天看後的報紙，也都覺得可貴的。

講到這裡，諸位對我所說的，也許有一點懷疑，以為照這樣說來，不是博而寡要了麼？可是我覺得圖書館是應當要博的，而且從這個博字上，也會自然而然的走到精密的路上去。收文學書的，他從文學上的重要材料起，一直到灘簧、小熱昏為止，件件都收。或者竟專力於文學中的一部，從專中求博，也未嘗不可。有一位陶蘭泉先生，綽號叫陶開化，他收書什麼都收，但只限於殿版開化紙的書籍，因此得了陶開化的名稱，正是博中寓專。因此第一步是博，第二步是由博而專，這也是自然而然的趨向。大概由博到專，亦有三個緣故：（一）是天才的發展；（二）是個人嗜好；（三）是環境上的便利。有這三個緣故，自然會走上專門的路。諸位都知道歐洲的北邊有一個小島，叫冰島（iceland），那裡有許多文學材料。若不到冰島去找，全世界只有我的母校康乃爾大學有這完全的冰島文學史料。康乃爾圖書館所著名的，也就是這一點。因為當初冰島上有人專門收集這全部的材料，後來捐給康乃爾，並又斥資再由康乃爾到冰島去蒐集，因此我的母校就以冰島文學著名於全世界。這種無所不收的材料，實在有非常的價值，非常的用處。

今天我講書的收集法，是極端主張要博，再從博而專門，古董家和道學家的方法是絕對要不得的。這不過是個大概，神而明之，存乎其人。詳細的辦法，還須諸位自己去研求。

談字典的功用

你們寧可少進一年學堂，千萬省下幾個錢來買一部好字典。那是你們的真先生，終身可以跟你們跑。

我常對我的翻譯班學生說：「你們寧可少進一年學堂，千萬省下幾個錢來買一部好字典。那是你們的真先生，終身可以跟你們跑。」

我又常對朋友說：「讀書不但要眼到、口到、心到，最要緊的是手到。手到的工夫很多，第一要緊的是動手翻字典。」

我怕我的朋友和學生不記得我這句話，所以有一天我編了一隻《勸善歌》：

少花幾個錢，
多賣兩畝田，
千萬買部好字典！
它跟你到天邊；
只要你常常請教它，
包管你可以少丟幾次臉！

今天我偶然翻開上海《時事新報》附刊的「文學」第一百六十九期，內有王統照先生翻譯的郎弗樓（longfel-low）的《克司臺凱萊的盲女》一篇長詩。我沒有細看全文，順手翻過來，篇末有兩條小注引起了我的注意。一條注說：

此句原文為 **this old te deum**，按提單姆為蘇格蘭的一地方名。

這真是荒謬了。**te deum** 是一隻最普通、最著名的《頌聖歌》，**te** 是你，**deum** 是上帝。原文第一句為 **te deum laudamus**（上帝啊，我們頌讚你），因此得篇名。這是天主教一切節日及禮拜日必用的歌，所以什麼小字典裡都有此字。我們正不須翻大字典，即翻商務印書館的《英華合解辭典》（頁12—33），便有此字。這又不是什麼僻字，王統照先生為什麼不肯高抬貴手，翻一翻這種袖珍字典呢？為什麼他卻捏造一個「蘇格蘭的一地方名」的謬解呢？

第二條注說：

此處原 **de profundis** 系拉丁文，表悲哀及煩鬱之意。

這又是荒謬了。這兩個拉丁字，也是一篇詩歌之名，即是《舊約》裡《詩篇》的第一百三十首，拉丁譯文首二字為 **de profundis**，譯言「從深處」，今官話譯本譯為「我從深處向你求告」。此亦非僻典，詩人常用此題，袖珍的《英華合解辭彙》（頁24—70）也有解釋。王統照先生何以看輕字典而過信他自己的「腹笥」呢？

我因此二注，便忍不住去翻翻他的譯文。譯文是完全不可讀的。開始第四行便大錯；一直到底，錯誤不通之處，指不勝指。我試舉一個例：

當我傾聽著歌聲，
我想我回來的是早些時，
你知道那是在 whitsuntide 那裡。
你的邀請單可證明永無止息時；

我們讀這幾句完全不通的話，正不用看原文，便可知其大錯大謬。

果然，原文是：

and, as i listened to the song,
i thought my turn would come erelong,
thou knowest it is at whitsuntide.
thy cards forsooth can never lie.

我聽這歌時，

我就想，不久就要輪著我了，

你知道我的日期是在聖靈降臨節的，

你的紙牌（算命的用牌）是不會說誑的。

這四句裡有多少錯誤？**turn** 並非僻字，譯為「回來」，一錯也。**erelong** 是常見的習語，譯為「早些時」，二錯也。**whitsuntide** 乃是一個大節，什麼小字典都可查，《英華雙解辭彙》頁一三七五並不難翻；今不譯義，而加「那裡」二字，可見譯者又把此字當作「蘇格蘭的一地方名」了，三誤也。這番話是盲女對那預言婆子說的，故說她的紙牌不會說誑。今譯 **cards** 為「邀請單」，不知這位窮婆子邀請什麼客？四誤也。**lie** 更非僻字，譯作「止息」，五誤也。**forsooth** 譯作「可證明」，六誤也。即使老婆子發出邀請單，邀請單怎麼會「證明永無止息時」呢？此七大誤而一大不通也。

全篇像這樣大謬的地方太多了，我再舉一句作例罷：

他已來到！來到在末次！

原文是：

he has arrived！arrived at last！

這樣的句子尚不能翻譯，而妄想譯詩，這真是大膽妄為了！

一千八百年前有位姓王的說：

世間書傳多若等類，浮妄虛偽，沒奪正是。心湧，筆手擾，安能不論？（《論衡・對作篇》）

近來翻譯家犯的罪過確也不少了。但我們的朋友，負一時文譽如王統照先生者，也會做這種自欺欺人的事，我真有點「心湧，筆手擾」了。

思想的方法

一個人的思想，差不多是防身的武器，可以批評什麼主義，可以避免一切紛擾。

一個人的思想，差不多是防身的武器，可以批評什麼主義，可以避免一切紛擾。我們人總以為思想只有智識階級才有，可是這是不盡然的；有的時候，思想不但普通人沒有，就是學者也沒有。普通人每天做事、吃飯、洗臉、漱口……都是照著習慣做去，沒有思想的必要，所以不能稱為有思想；就是關著窗子，閉著門戶，一陣子的胡思亂想，也絕對不是思想的本義。原來思想是有條理，有系統，有方法的。

我們遇著日常習慣的事，總是馬馬虎虎的過去；及至有一個異於平常的困難發生，才用思想去考慮和解決。譬如學生每天從宿舍到課堂，必須經過三岔路和電車站，再走過二行綠蔭蔭的柳樹，和四層樓的紅房子，然後才至課堂。這在每天來往的學生，是極平常而不注意的事；但要是一個新考進來的學生，當他到了三岔路口的辰光（時候之意——編者注），一定有一個問題發生：就是在這三條路中，究竟打哪一條路走能到目的地？那個時候，要解決這個困難，思想便發生了。

要管理我們的思想，照心理學上講，須要用五種步驟：

1. 困難的發生人必遇有歧路的環境或疑難問題的時候，才有思想發生。倘無困難，絕不會發生思想。

2.指定困難的所在有的困難是很容易解決的，那就沒有討論和指定困難的所在的必要。要是像醫生的看病，那就有關人命了。我們遇著一個人生病的時光，往往自己說不出病之所在；及至請了醫生來，他診了脈搏，驗了小便，就完了事；後來吃了幾瓶藥水，就能夠恢復原狀。他所以能夠解決困難，和我們所以不能解決困難的不同點，就在能否指定和認清困難之所在罷了。

3.假設解決困難的方法這就是所謂出主意了。像三岔路口的困難者，他有了主意，必定向電車站楊柳樹那邊跑。這種假說的由來，多賴平日的知識與經驗。語云：「養兵千日，用在一朝。」我們求學亦復如此。這一步實是最重要的一步。要是在沒有思想的人，他在腦袋中，東也找不到，西也找不到，雖是他在平常，能夠把書本子倒背出來；可是沒有觀察的經驗，和考慮的能力，一輩子的胡思亂想，終是不能解決困難的啊。

但是也有人，因為學識太足了，經驗太富了，到困難來臨的時候，腦海中同時生了許多不同的解決方法；有的時候，把對的主意，給個人的感情和嗜好壓了下去，把不對的主意，反而實行了。及後鑄成大錯，追悔莫及。所以思想多了，一定還要用精密謹慎的方法，去選定一個最好的主意。

4.判斷和選定假設之結果假若我腦海中有了三種主意：第一主意的結果是a。b。c。d，第二主意的結果是e。f。g，第三主意的結果是h。i，那個時候，就要考慮他三個結果的價值和利害；然後把其中最容易而準確的結果設法證明。

還有我們做事，往往用主觀的態度，而不用客觀的態度；這就是我們常說的：「某人說話，不負責任」的解釋了。

此次五卅慘案，也有許多激烈的青年，主張和英國宣戰，他們沒有想到戰爭時，和戰爭後，政治上，商業上，交通上，經濟上，軍事上的一切設備和結果。他們只知唱高調，不負責任的胡鬧，只被成見和一時感情的衝動所驅使，沒有想到某種條件有某種結果，和某種結果有沒有解決某種條件的可能。

5.證實結果既已擇定一個解決困難的方法，再要實地實驗，看他實效的如何以定是非與價值。遇有事實不易在自然界發生的，則用人力造成某種條件以試驗之。例如欲知水是否為輕養二原素所構成，此事在自然界不易發生，於是以人力合二原質於一處，加以熱力，考察是否能成水。更以水分析之，看能否成輕養二原素，即從效果上來證實水的成分。

從前我的父親有一次到滿洲去勘界。一天到了一個大森林，走了多天，竟迷了路；那個時候乾糧也吃完了，馬也疲乏了，在無可如何的時光，他爬上山頂，登高一望，只見翠綠的樹葉，瀰漫連續，他用來福槍放起來，再把枯樹焦葉燒起來，可是等了半天，連救援人的影蹤也找不到。他便著急起來了，隔一會兒，他想起從前古書裡有一句話，叫做「水必出山」。他便選定了這個辦法，找到了河，遵了河道，走了一日夜，竟達到了目的地。

又有一例。禪宗中有一位燒飯的，去問他的大法師道：「佛法是什麼？」那大法師算了半天，才回答道：「上海的棉花，二個銅子一斤。」燒飯的便說道：「我問你的是佛法，你答我的是棉法，這真是牛頭不對馬面了。」隔了三年，他到了杭州的靈隱寺去做燒飯，他又乘便問那主持的和尚道：「佛法是什麼？」那主持和尚道：「杭州的棉花，也是二個銅子一斤。」他更莫名其妙，於是他便跑到普陀山，峨眉山……途中飽嘗了饑渴盜匪之苦，問了許多和尚法師，竟沒有得到一個圓滿的解決。有一天，他到了一個破廟房，碰到一個老年的女丐，口中咿唔的在自語著，他在不知不解間，聽得一句不相干的話，忽然間竟覺悟了世界上怎樣的困難，他也就明白了「佛法是什麼」。他在幾十年中所懷的悶葫蘆，一旦竟明白了，不是偶然的。這就是孟子所說「資之深，則取之左右逢其源」，只要把自己的思想運用，把自己的腦筋鍛鍊，那麼，什麼東西都可以迎刃而解了！

在宋朝有一個和尚，名叫法賢，人家稱他做五祖大師，他最喜歡講笑話。他講：從前有一個賊少爺，問賊老爺道：「我的年紀也大了，也不能天天玩耍了，爹爹也可以教我一點立身之道嗎？」那賊老爺並不回答他，到了晚上，導他到一座高大的屋宇，進了門，便把自己身邊的鑰匙，開了一個很大的衣櫥，讓他的兒子進去，待到賊少爺跨進衣櫥，賊老爺把櫥門拍的關上，並且鎖著，自己連喊「捉賊，捉賊」的逃了。那時候，賊少爺在衣櫥裡是急極了，他想，「我的爹爹叫我來偷東西，那麼他為什麼把我鎖在裡邊，豈不是叫他們活剝剝的把我捉住，送我到牢獄裡去，嘗鐵窗風味（味道之意——編者注）嗎？」可是他繼而一想，「怎麼樣我可以出去？」便用嘴作老鼠咬衣服的聲音，孜孜的一陣亂叫，居然有人給他開門了，他便乘著這個機會，把開門的人打倒，把蠟燭吹滅，等他僕人們來追趕他，他早已一溜煙的跑回家了。他看見父親之後，第一聲便問道：「你為什麼把我關在櫥裡呢？」那賊老爺道：「我先要問你，你是怎麼樣出來的？」他便把實情一五一十的講給賊老爺聽，他聽了之後，眉開眼笑的說道：「你也幹得了！」要是這位賊少爺，在困難發生的時候，不用思想，他早已大聲的喊道：「爹爹啊！不要關門啊」了。

我們讀書不當死讀，要講合用；在書本之外，尤其要鍛鍊腦力，運用思想，和我的父親，禪宗中的燒飯者和賊少爺一般無二。他們是能用有條理有系統有方法的思想，去解決他們的困難的。

我記得前幾天有一個日本新聞記者問我：「現在中國青年的思想是什麼？」我便很爽快的答道：「中國的青年，是沒有思想的。」這一句話，我覺得有一點武斷，並且很對不起我國的青年，可是我也有不得已的苦衷。當我在北京大學教論理學的時光，我出了三個問題：

（一）照你自己經驗上講，有何可稱為思想的事實？

（二）在福爾摩斯的偵探案中，用科學方法分析出來有何可稱為思想的事實？

（三）在科學發明史上，有何可稱為思想的事實？

到了後來，第二第三都能回答得很對，第一問題簡直回答的不滿十分之二，而他們所回答的，完全是答非所問，這便因為他們平時不注意於運用思想的緣故。

科學精神與科學方法

有許多人說，科學的精神是尋求真理。這句話雖然對，但太廣泛，沒有「拿證據來」四個字來得簡單扼要。

……我將這次的講演看的很重，主要的是這個題目太大，尤其是這兩個大的學術機構出這樣大的一個題目。所以我從昨天晚上十點鐘起，到今天上午六點鐘，都在想這個講演如何的講法？直到六點半鐘才睡覺，八點半鐘就起來了……

這樣大的一個題目我從前講過好幾次，今天我本想換換方式和用新的材料來講，但是，正如中國的一個古話：「老狗教不出新把戲。」所以，我講來講去，是那一些老話。「科學精神」我拿「拿證據來」四個字來講，「科學方法」我拿「大膽的假設，小心的求證」十個字來講，一共拿十四個字來講「科學精神與科學方法」。這十四個字我想了好久。現在先講科學精神。

「科學精神」的四個字就是「拿證據來」。《中庸》上有句話說：「無徵則不信。」把這句話翻成白話，就是「拿證據來」，也就是說，給我證據我就相信，沒有證據我就不相信。

英國有一位科學家赫胥黎（huxley），他曾說過一句話，就是「必須要嚴格的不信任一切沒有充分證據的東西。」赫胥黎說：「我年紀越大，越分明認得人生最神聖的舉動，就是口裡說出和心裡覺得我相信這件事是真的。人生最大的報酬和最重的懲罰，都是跟著這句話來的。」近來我的年紀越人，也越覺得赫胥黎這句話非常有意義。正因為赫胥黎說的「我相信什麼」和「我不相信什麼」是人生最神聖的舉動，所以，我們更可以知道，我們的信仰是必須建築在充分的證據上的。

有許多人說，科學的精神是尋求真理。這句話雖然對，但太廣泛，沒有「拿證據來」四個字來得簡單扼要。所謂求真理，在《約翰福音》裡曾講過，當耶穌被一批人將他抓起來送到羅馬總督彼拉多的面前時，彼拉多詢問耶穌，耶穌說他是給真理作見證。彼拉多說：「真理是什麼？」什麼是真理？這正如你說科學的精神是尋求真理。人家也會問你真理是什麼？這個問題，就很難答覆。所以還是用「拿證據來」這一句話比較適當。所謂尋求真理，如果我們把範圍縮小一點，尋求真理這個問題，就成了我們應該相信什麼？什麼是我們應該相信的，什麼是我們不應該相信的。關於這一問題的答案，我們可以分消極和積極兩方面說。消極方面的說法，就是「無徵則不信」，要嚴格的不信任一切沒有充分證據的東西。換句話說，就是沒有充分證據，我們就不信。積極方面的說法，就是要拿出證據來，要跟著證據走，不論他帶我們到什麼危險可怕的地方去，我們也要去。這是一種科學的理論，也是我們當今處世與求學的一種常識的態度。

我的老師杜威先生說過一句話：「當真理和信仰動搖的時候，形式的論理學（logic）才有用處。」在我們中國講論理學的，要算墨子。墨家的根本是一個尊天祀鬼的宗教，他相信天和鬼，用三表法來作標準。各位看看《墨子》的《非命篇》就可以知道。至於印度的論理學，它是相信咒語，但都無大用處，不如「拿證據來」四個字來得有用處。

我們家鄉有句話：「打破砂鍋紋到底」（現在大家把「紋」字改作「問」字，這是用同音的字作戲語的。英文裡的 pun 字，就是雙關的意思，崔東壁的著作中曾經提起過）和「三個不信，跌個不倒跟」。「打破砂鍋問到底」這句話的意思，就是處處要問到底，處處要找證據，證據不夠時還要再找的意思。「三個不信，跌個不倒跟」這句話，我想把它改幾個字，成為「三個不相信，可以做學問」。我可以舉一個具體的例子：

前些時候，報上登了大陸死了一個很有名的佛教大和尚，他死的時候，一百二十多歲。一個人活了一百二十多歲，並不是絕對不可能的事，但這個和尚生前曾有一本《年譜》，詳細記載他一生的事跡。《年譜》裡他俗姓蕭，他的父親名叫玉堂，做過福建三府的知府。這位大和尚出生時，他父親正做某一府的知府，他就生在知府衙門裡。他三歲時，父親調某府任知府；他五六歲時，父親又調某府任知府。這些話是很容易考據的。在他所說的這三府的《府志》，我曾查了兩府。這兩《府志》對那大和尚所說的他父親在任的年代都有明白的記載，但知府的姓名中並沒有姓蕭名玉堂的。因此，我就不敢相信這大和尚真是活了一百二十多歲。

這只不過舉個例說明：要人相信，就「拿證據來」的科學精神而已。

至於科學方法，我只講十個字，那就是「大膽的假設，小心的求證」。這兩句話合起來是一個口號，一個標語，一個縮寫。我把許多很複雜的問題，給他縮寫成這十個大字。

在美國有一位很有地位的科學家，哈佛大學前任校長康納脫（dr。james b。conant）博士，他是有名的化學家。他在第二次世界大戰期間，負了很重要的科學發展責任。他在十多年來寫了兩本書：一本是《論懂得科學》（on understanding science），一九四七年出版；另一本是《科學與常識》（science and common sense），一九五一年出版。這兩本書都是用十七、十八兩個世紀的科學史來說明科學的性質的。他又和哈佛的一班科學教授編纂了一套《哈佛大學的實驗科學的專案史料》，這套書現在已經出了八冊。這八冊書，第一冊是說氣體學，第二冊是說火素理論的推翻。康納脫博士不但在他所著的那兩本書中都說他不相信有某個方法可以叫做「科學方法」。同時在這一套《實驗科學的專案史料》中，他所做的《總序》裡，還特別指出：「研究這些專案史料」，就可以明白，並沒有「科學方法」這個東西。他說科學的進展，是從無數事實裡演變出來的。這些事實，一面是從實用的技術呈現出來的，一面是科學家的實驗與觀察發現的；所以沒有某一種概念系統，也沒有某一套規律可以指出下一步進展如何產生的。

但是我看了康納脫兩部書和這些實驗科學與專案史料之後，深深感覺奇怪。覺得康納脫所舉的科學實例，幾乎沒有一個例子不是說明所謂「科學的方法」的。康納脫在他的《科學與常識》裡有段話說：

> 照我解釋科學的發展史，十七世紀裡忽然產生一種大活動，當時人叫做「新哲學」或「實驗哲學」，只是思想上與行動上三個潮流的匯合的結果。這三個潮流是：（一）一些玄想的普通觀念；（二）演繹的推理；（三）老老實實的實驗。

康納脫所說的三個潮流，就是我剛才講的兩個縮短的標語，——大膽的假設，小心的求證。

康納脫所講的玄想，就是假設，不管大膽的假設，小膽的假設，無膽的假設，對的假設，錯的假設，都是玄想的理論，演繹的推理，和老老實實的實驗，就是「小心的求證」。求證必須從假設裡演繹出來。譬如說，假設有三個，你就必須用演繹的想法，去推想它的結果。如果第一個假設是對的，那麼這個假設裡面應該有a、b、c三種結果，或者a、b兩種結果，或者a、b、c、d四種結果，把某一個假設所包含應該的結果都想出來，然後再作實驗求證。如果第二個假設是對的，那麼應該產生甲、乙、丙三種，或者甲、乙兩種，或者甲、乙、丙、丁四種的結果。如果第三種假設是對的，同樣產生一、二、三或一、二或一、二、三、四四種結果，把結果想出來以後，看看能不能解決你所要解決的困難。所謂實驗科學，就是這個意思。康納脫先生所講的三步驟，也都是有方法的。他的意思是說，近代三百年的科學歷史，是亂得很，有的是錯誤的。這種錯誤也是屬於假設的一種，因為假設可以錯誤，所以必須要小心的求證。我剛剛舉的十個字——「大膽的假設，小心的求證」，不一定把康納脫先生高舉起來做我的同道，我只是舉他的例子，可以說沒有一條不可以用我所講的「大膽的假設，小心的求證」來解釋的。假設不妨大膽，而求證就要特別小心。

康納脫先生講到化學革命。在十八世紀晚期，有一位了不得的科學大家，就是發現氧氣的拉瓦西埃。他首先打倒火烴老的假設，而建設了一個新的假設。在空氣裡很重要的成分，一個是氮氣，還有一個就是氧氣。沒有氧氣，我們的呼吸就要出毛病了，我們的生物、植物、動物就不能生存，火也燒不起來。當時幾個大科學家都沒有敢提出這個大膽的假設。從前我們中國道士煉金丹，是用硃砂來煉製的，因為硃砂是水銀與氧的化合物。拉瓦西埃利用放大鏡把太陽光的熱能集中在硃砂上，把硃砂燒熱，一部分變成水銀，一部分剛將氧氣還原。他用許許多多的試驗品，種種方法證明，來規定他的性質。拉瓦西埃可以說是化學的大祖師，不幸得很，在法國大革命之後，恐怖時期，死在斷頭臺上。這是科學家在亂世時代的犧牲者。再舉一個例：十九世紀下半葉，即在一八九二年，我只有一歲，那時我正在臺灣，有一位英國化學家羅普萊利，從事於各種氧氣密度的實驗工作。當時已經有很精密的儀器，精密的程度可以到萬分之一。羅普萊利發現在空氣裡，把氧氣趕掉，再用各種方法提出氮氣，其中有一種方法比其他方法提制密度至少有一千分之一的差別。於是他寫信給化學學會，請他們幫忙找出答案。以後屢次實驗，又發現密度比以前還多，有二百分之一。後來英國有一位有名的化學家藍姍西，他用更精密的儀器把氮氣趕走，還剩下所謂二百分之一的第三種氣體，叫做氬氣。以上舉的例子，說明要戰戰兢兢的小心去求證。

科學人概可以分為兩大類，一類是歷史科學，一類是實驗科學。歷史科學同樣也要求證，但他的證據是一去不返的。實驗科學是先要有假設，然後根據假設來推想，再在推想之下產生結果。無論對歷史科學也好，對實驗科學也好，總之，第一步必須要提出問題，第二步把問題的中心和重點指出，第三步去假設，第四步用演繹的方法把假設某種結果推想出來，第五步去找證據或從實驗中來證實它，這就是科學的方法，也就是「大膽的假設，小心的求證」……

科學研究的方法

養成了（一）不懶惰，（二）不苟且，（三）肯虛心的習慣，無論做什麼學問，自能磨煉出精細正確的方法來應用，自能創造出精細正確的器械來幫助他。

第一講科學方法引論

一、向來「科學概論」一科太偏重一家之言，成為一種科學的哲學，實際上多不是普通人所能瞭解。此次設「科學概論」，重在請專家講解每一種科學的歷史的演變與方法的要點，使學人明了各種科學的方法和意義。

二、科學方法只是每一種科學治理其材料、解決其問題的方法。科學門類繁多，然而有一個共同的精神，一種共同的性質，此共同之點即是他們的方法都是經得起最嚴格的審查評判的。一種科學所以能成為科學（有條理系統的學問），都是因為他的方法的謹嚴。方法的細則雖因材料不同而有變通，然而千變萬化終不能改變其根本立場。科學方法只是能使理智滿意的推論方法。理智所以能滿意，無他玄妙，只是步步站在證據之上。

三、推論（inference）有三種：

1.從個體推知個體（比例的推論，analogy）；

2.從個體推知通則（歸納的推論，induction）；

3.從原則推知個體（演繹的推論，deduction）。

四、在科學的推理上，這三種推論都用得著，很少時候只用一種推論方法。平常總是三種推論並用，時而比例，時而歸納，時而演繹。往往是忽而演繹，忽而歸納，忽而又演繹。但是一種科學必須有可以從原理推知個體事物的可能，方才成為系統的知識。故三種推論之中，演繹法的應用最廣。然演繹的原理必須從歸納得來。

五、推論只是亞里士多德說的「從我們所比較熟知的下手」；只是從已知推知未知。朱熹說，「故凡天下之物，莫不因其已知之理而益窮之，以求至乎其極」，也是這個道理。

推論之得失全靠方法之是否精密。

六、科學方法的要點，只是「大膽的假設，小心的求證」。科學方法只是「假設」（hypothesis）與「證實」（verification）的符合。古來論方法的哲學家，如亞里士多德（aristotle）則太偏重演繹；如培根（bacon）與彌兒（mill）則太偏重歸納。只有耶芳士（levons）與杜威（dewey）說的比較最平允。耶芳士說：所謂歸納，只是倒過來的演繹。一切歸納所得的通則，都只是一種假設，其能成立與否，全看他是否能用作演繹的基礎，如演繹出來，都無例外，則是「證實了」那個假設的原理。《墨子．小取篇》說：「推也者，以其所不取之同於其所取者予之也。」如說「凡人皆有死」。我們所見的人，不過古往今來無量數的人類的一絕小部分；然而我們敢說「凡人皆有死」，只是把那未見未知的人都假定為和那已見已知的人是相「同」的。此種大膽的歸納，全靠後來的證實。證實則是演繹，其方式如下：

凡人皆有死。（大前提）

過去的孔子、孟子是人，未來的張三、李四是人。（小前提）

故孔子、孟子與張三、李四皆有死。（結論）

凡科學上的偉大原理，如「萬有引力」說，如「質力不滅」說，都是這樣的：其初為從一些個體事物歸納出來的大膽假設；直到沒有例外可以摧破此種原理時，假設得著證實，歸納的原理而可以用作演繹的前提，方可以說是科學的定理了。

七、杜威說科學方法可分五步：

1.問題的發生；

2.疑難的認定；

3.假設幾個可能的解答；

4.決定一個最滿意的解答；

5.證實這個解答確是最滿意的。

試舉例說明之。解白勒（kepler）證明火星軌道為橢圓的，其思想歷程如下：

1.古代天文學把行星軌道都認作正圓的，而火星的運行最不規則，古說不夠說明火星的運行了。（問題）

2.解白勒之師第谷（tycho）積下了幾十年實際測候的記錄，顯出火星軌道有幾種特點，皆非舊說所能說明。（認清疑難之點）

3.解白勒試驗了種種可能的解答。（假設）

4.最後他依據「圓錐曲線法」（conic sections）認定火星運行的特點最合於橢圓的原理，所以他決定火星軌道是橢圓的，繞著太陽行，太陽在橢圓的一個中心。

5.依此原則，一切困難都解決了，故這個假設完全證實了。（證實）

在這個推理裡，歸納與演繹是錯雜用的。第四步分明是從個體事實推到一個原則，然而實際上也可以說是從向來久已知道的圓錐曲線幾何原理上演繹出來的。第五步的證實，分明是演繹，然而每一種演繹都得用實際測驗的結果。這樣的演繹與歸納錯雜互用，互相證實，乃是科學方法的特色。

八、「能力不滅」說的歷史也可以做例。

1.邁耶（mayer）在爪哇行醫時，注意到那地方的病人的靜脈血特別鮮紅。（問題的發現與認定）

2.他研究的結果，提出一個假設：是否熱帶的人容易維持體溫，需要身體中的氧化作用不多，所以血色特別鮮紅？（假設的解答）

3.他進一步研究動物的體溫，又進一步研究機械力所發生的熱力，更進一步研究各種

「能力」，結果他得著一個大原則：在宇宙之中，無論在有機或無機物體裡，能力可以變化，但不可毀滅。

這第三步裡，包含種種歸納與演繹。步步是歸納，但歸納所得的通則都可以幫助解答個別的問題。個別的問題都消納在大原則之中，得著滿意的解答，故假定的原則也得著證實了。

九、歷史語言的科學，必須用同樣的思想方法。試舉一二個簡單的例子。

例一《詩經》「終風且暴」，舊說「終風」，「終日風也」。高郵王氏父子比較「終窶且貧」、「終溫且惠」等句子，說為「既風且暴」。

例二《尚書．洪範》「無偏無頗，遵王之義」。唐明王疑「頗」字不協韻，下救改為「陂」字。

顧亭林說古音「義」字讀為「我」，故與「頗」協韻。

〔證〕1.《易．象傳》：「鼎耳革，失其義也。覆公，信如何也。」

2.《禮記．表記》：「道者左也」與「道者義也」為韻。

凡假設的通則，必須能解答同類的個體字實。能解答即是證實；證實則是看此通則有無例外，有例外，即不成通則了。假設不妨大膽，但必須細心尋求證據來試驗假設是否能成立。凡不曾證實的假設都只是待證的，不能認作定理。

〔參考書舉略〕

1. lectures on the method of science, Ed. by T.B. Strong（《關於科學方法的演講錄》，t．b．斯特朗著）
2. poincare: foundations of science.（波因凱：《科學的基礎》）
3. sedgwick and tyler: a short history of science（塞奇維克與泰勒：《科學簡史》）
4. 《清代學者的治學方法》。（《胡適文集》一集）
5. 《治學的方法與材料》。（《胡適文集》三集）

第十四講結論

綜合起來看各種科學的歷史，可以得幾個概括的結論。

一、每一種科學的發達，全靠方法的進步。凡科學史上的劃時代的進步，都是方法上的大進步。

例一解剖學：希臘人解剖動物，為一進步。但他們的解剖學只是動物的肢體臟腑，而不是人體學。到十六世紀，衛薩裡（vesalius）解剖死人，精研人骨，始有人體解剖學。到十七世紀，顯微鏡發明了，於是人目所不能見的微細組織皆能呈現，始有顯微鏡的解剖學，始有組織學（histology）等起來。

例二生理學：古代生理學到高倫（calen）而集大成，理論似甚圓滿，其實無實驗的根據。到十七世紀哈維（harvey）出來，用實驗的方法，觀察各種動物，用數量的方法（quantitative），證明血液循環的道理，始建立新的生理學。到十八世紀拉瓦節（lavoisier）諸人從化學方面發現了養氣氣，又證明物質不滅的原理，於是人身呼吸的道理得著了實驗的說明，從此生理學更進步了。

例三醫學與微菌學：醫學到十九世紀而有一日千里的進步，大原因由於微菌學在此時期有空前的進步。傳染病的原因與媒介，向來未能認定；人只知必有一種「病素」（contagium），而不知是一種極微細的生物。到十九世紀，柏司德（pasteur）與柯赫（koch）等人始建立科學的微菌學（bacteriology）。柏司德證明微菌絕不會自然發生，皆由媒介物流傳，於是內科始有預防傳染病的門徑，外科手術始有消毒的預防。他又引申種牛痘的方法，發明用減輕毒性的病菌來製造血清，以治療傳染病，於是有血清學（serology）。人稱十九世紀下半葉為「微菌學時代」(the bacteriologi-calage)。

二、方法的進步又往往與器械的進步有密切的關係。

例一望遠鏡的進步與天文學方法的進步。

例二顯微鏡的進步與生物、生理、微菌學等的進步。

例三顯微鏡學的進步又得著其他種種附屬器械(如切片、染色、照相等等工具)的絕大幫助。

三、科學的進步是逐漸繼長增高的,所以須靠有持續性的學術機關,保存已知的知識、方法、技術、工具,始能有繼續的改良與進步。西洋學術的保存與持續,都因有持續性的學府;近千年中的大學尤為重要。東方學術的貧乏,其一個重要原因為此項持續機關的不存在,只賴書籍的流傳。書籍所能傳授者,充其量不過是紙上的學問而已。

四、縱觀科學發達史,可知東方與西方之學術發展途徑,在很古的時代已分道揚鑣了。自然科學雖到近三百年中始有長腳足的發展,但在希臘、羅馬時代,已有自然科學的基礎(例如,aristotle 亞里士多德解剖過 50 種動物)。而東方古文化實在太不注重自然界實物的研究,雖有自然哲學而沒有自然科學的風氣。故其雖有「格物窮理」的理想,終不能產生物理的科學，只能產生一點比較精密的紙上考證學而已。可見研究的對象（材料）又可規定學術的途徑與成就。

五、最後一個結論是：科學方法並無巧妙，只不過是已養成治學的良好習慣的人的方法而已。養成了（一）不懶惰，（二）不苟且，（三）肯虛心的習慣，無論做什麼學問，自能磨煉出精細正確的方法來應用，自能創造出精細正確的器械來幫助他。衛薩裡（vesalius）學認人骨，從破墳裡、從劊子手的手裡尋得人骨，日夜研究；後來他用布把他的眼睛捆住，也可以摸認各種大小骨節不誤。清朝嘉慶、道光時，王清任費了四十二年工夫，訪驗死人的臟腑，始著《醫林改錯》一書，指斥古代論臟腑的錯謬。這都是不苟且、不躲懶的習慣。有了這種習慣，方法已在其中了。故科學方法只是不苟且、不躲懶、肯虛心的人做學問的習慣。

一　論治學方法

有方法與無方法，自然不同。我們研究學問，要有材料和方法，要不懶，要堅韌不拔。

剛才主席說：材料不很重要，重要的在方法，這話是很對的。有方法與無方法，自然不同。比如說，電燈壞了若有方法就可以把它修理好。材料一樣的，然而方法異樣的，所得結果便完全不同了。我今天要說的，就是材料很重要，方法不甚重要。用同等的方法，用在兩種異樣的材料上，所得結果便完全不同了。所以說材料是很要緊的。中國自西曆一六〇〇至一九〇〇年當中，可謂是中國科學時期，亦可說是科學的治學時代，如清朝的戴東原先生在音韻學、校勘學上都有嚴整的方法。西洋人不能不承認這三百年是中國科學時代。我們自然科學雖沒有怎樣發明，但方法很好，這是我們可以自己得意的。閩人陳第曾著《毛詩古音考》、《曲宋古音考》等些書。他方法很精密的，是顧炎武的老祖宗。顧亭林、閻百詩等些學者都開中國學術新紀元，他們是用科學方法探究學問的。顧氏是以科學方法研究音韻學，他的方法是本證與旁證。比如研究《詩經》，從《詩經》本身來舉證，是謂本證；若是從《詩經》的外面舉證便謂旁證了。閻氏的科學方法是研究古文的真偽，文章的來源。

一六〇九年的哥白尼聽說在意國的北部一個眼鏡店裡當小夥計。一天偶然疊上幾片玻璃而發現在遠方的東西，哥白尼以為望遠鏡是可以做到的。他利用這儀器，他對於天文學上就有很大的發現。像哈代瑪（hordvery）、牛頓（newton），還有顯微鏡發明者黎汶豪（ieeueven hock），他們都有很大的發明。當哥白尼及諸大學者存在時候，正是中國的顧炎武、閻百詩出世的時期，在這五六十年當中東西文化、東西學說的歧異就在這裡。他們所謂方法就是假說與求證，牛頓就是大膽去假定，然後一步一步去證明。這是和我們不同的地方。我們的方法是科學的，然而材料是書本文字。我們的校勘學是校勘古學古字的正確的方法，如翻考《爾雅》諸子百家；考據學是考據古文的真偽。這一大堆東西可以代表清朝三百年的成績。黎汶豪是以鑒鑽等做研究的工具；牛頓是以木、石、自然資料來研究天文學。像現在已經把太陽系都弄清楚了。前幾天報上宣傳英國天文臺要與火星通訊，像這樣的造就實在可怕的。十八十九世紀時候，西方學者才開始研究校勘學。瑞典的加禮文他專攻校勘學，曾經編成《中國文字分析字典》。像他這個洋鬼子不過研究四五年，而竟達到中國有三百年歷史的校勘學成績。加禮文說道：「你們只在文字方面做功夫，不肯到漢口、廣東、高麗、日本等地方實際考查文字的土音以為證明；要找出各種的讀法應當要到北京、寧波……」這可證明探求學問方法完全是經驗的要實地調查的。顧亭林費許多時間而所得到的很少，而結果走錯了路。

剛才楊教務長問我怎樣醫治浪漫病？我回答他說：浪漫的病症在那裡？我們以為浪漫病或者就是懶病。你們都是年青的，都還不到壯年時期，而我們已是老狗教不成新把戲了。現在我們無論走那條路，都是要研究微積分、生物學、天文學、物理學。我們要多做些實驗功夫，我們要跟著西洋人走進實驗室去。至於考據方面就要讓我們老朽昏庸的人去做。黎汶豪的顯微鏡實在比妖怪還厲害，這是用無窮時間與時時刻刻找真理所得的結果。十九世紀時候，法國化學師巴士鳩（pastwur）在顯微鏡下面發現很可怕微生物。他並且感受瘋狗的厲害便研究瘋狗起來。後來從狗嘴的涎沫裡及腦髓中去探究，方知道是細菌在作怪，出示神經系中有毒。他把狗骨髓取出風乾經過十三四天之久，就把它變成注射藥水，可以治好給瘋狗咬著的人。但是當時沒有膽量就注射在人身上，只先在他動物身上試驗著看。在那時候很湊巧一位老太婆的兒子給狗咬傷，她請醫生以死馬當作活馬醫治，果然給他治好了。還有一位俄人他給狼咬著，他就發明打針方法。法國酒的病，蠶的病亦給顯微鏡找出來了；歐洲羊的病，德國庫居（koeh）應用藥水力量把羊醫好。像蠶病、醋病與酒病治好後，實在每年給法國省下來幾千萬的法郎。普法戰爭時，賠款有五十萬萬之巨額。然而英國哈代（harley）嘗說：巴士鳩以一支玻璃管和一具顯微鏡已經把法賠款都付清了。懶的人實在沒有懂得學問的興趣。學問本來是乾燥東西，而正確方法是建築在正確上的，像西方的奈端和牛頓那樣的正確。我們中國要研究有結果，最要緊的是要到自然界去，找自然材料。做的更要到民間去到家庭裡去找活材料。我喜歡談談，大家都是年富力強，應該要打破和消滅懶病。還要連帶說「606 藥水」，是法國某醫生髮明的，用以殺楊梅瘡的微菌。這位先生他用化學方法，經過八年的研求而成功的。我們研究學問，要有材料和方法，要不懶，要堅韌不拔的努力，那麼，浪漫病就可以打破了。

二論治學方法

你們都知道龜兔賽跑的故事……治學的方法也是如此，寧可我們沒有天才，拚命的努力，不可自恃天才去睡一大覺，寧可我們作烏龜，卻不可去當兔子。

在這樣的熱天，承諸位特別跑到這裡來聽我講話，我是覺得非常感激。青年會的幾位先生，特地組織這一個青年讀書互助會，並且發起一個演講周，亦非常值得讚賞。在我個人，以為能夠幾個青年，互助的團結起來，組織讀書會，或者一人讀一本書，拿心得貢獻給其他的會員，或者幾個人讀一本書，將大家所得到的結果提出來互相討論，都是非常之好，非常之好的。可是請幾個人來講演，以為這樣就達到了讀書會的目的，做到了讀書的目的，卻是未必的。就是讀書會的目的，而且這題目也空泛得無人可講。我們知道，各種學問，都有他治學的方法，比如天文、地理、醫學、社會科學，各有各的治學方法，而我居然說「治學方法」，包括得如此其廣，要講起來那就是發瘋，誇大狂。但是學問的種類雖是如此其多，貫於其中的一個「基本方法」，卻是普遍的，這個「基本方法」，也可以說是，或者毋寧說是方法的習慣，是共同的是普遍的。歷史上無數在天文學上，在哲學上，在社會科學上，凡是有大成就的，都是因為有方法的習慣。

三百年以前，培根說了句很聰明的話，他說，世上治學的人可分為三種：那就是，第一種蜘蛛式的，是靠自己肚子裡分泌出絲來，把網作得很美很漂亮，也很有經緯，下點雨的時候，網上掛著雨絲，從側面看過去，那種斜光也是很美。但是雖然好，那點學問卻只是從他自己的肚子造出來的。第二種是螞蟻式的，只知道集聚，這裡有一顆米，把三三兩兩的抬了去，死了一個蒼蠅，也把他抬了去，在地洞裡堆起很多東西，能消化不消化卻不管，有用沒有用也是不管，這是勤力而理解不足。第三種是蜜蜂式的，這種最高級。蜜蜂采了花去，更加上一度製造，取其精華而去其糟粕，是經過改造製造出新的成績的。孔子說過，學而不思則罔，思而不學則殆。蜜蜂的方法，是又學又思，是理想的治學方法。

一個人有天才，自然能夠使他的事業礙到成功，然而有天才的人，卻很少很少。天才不夠的人，如果能用功，有方法的訓練，雖然不敢說能夠趕得上天才一樣的成就大，而代替天才一部分，卻是可以說的。至於那些各種科學的大偉人，那差不多天才與功力相併相輔，是千萬人中之一人。

現在說到本題治學，第一步，我們所需要的是工具，種田要種田的工具，作工要作工的工具，打仗要有武器，也是工具。先要把工具弄好，才能開步走。治學最重要的工具就是自己的能力。基本能力，本國的語言文字，我們可以得到本國所有的東西，外國的語言文字，我們可以從中得到外國的智識，得到過去所集聚下來的東西，完全要靠這一方面。其他就是基本智識，從中學到大學，給了我們的都是這東西，這是一把總的鑰匙，儘管我們不熟練於證一個幾何三角，儘管我們不能知道物理、化學各個細則，但是我們要在必需應用到的時候能夠拿來用，能夠對這些有理解。再其次就是設備。無論是賣田、賣地、賣首飾，我們總要把最基本的設備弄齊全，一些應用的辭典、表冊、目錄，是必需的。同時，治學的人差不多是窮士居多，很多的書不能都買全，所以就要知道我們周圍的，代替我們設備的有些什麼。比如北平的圖書館，那裡邊有些什麼書能夠被我們所應用，比方說，協和醫校製備些什麼專門的書籍，以及某家藏有某種不易得到的祕典，某處有著某種我所需要的設備，這些這些，我們都要看清楚。

第二步就是習慣的養成。這可以分四點來講：第一是不要懶。無論是工作也好，種田也好，都不要懶，懶是最要不得的，做學問更其如此。多用眼，不要拿人家的眼當自己的眼，多用手，耳，甚至多用自己的腳，在需要的時候，就要自己去跑一趟，必須要用自己的眼看過，自己的耳聽過，自己的手摸過，甚至自己的腳走到過，這樣才能稱是自己的東西，才真是自己得來的。如果你要懶，那就要大懶，不要小懶，那意思就是一勞永逸。說我實在懶得不得了，字典又是這樣的不好查，那我就自己去作一部字典出來，那以後就可貫徹你的懶，字典拿起來，一翻就翻著。有種種的發明的人，不是大不懶就是大懶。比方說佛教是什麼，你必須自己去翻過書，比方說我今天要跑到這裡來講講辨證法是什麼，那你一定用眼、手、腳，把問題弄清楚，作提要作札記，這樣即使你是錯誤的，然而這是你的，不是別人的。

第二是不苟且，上海人所謂不拆爛汙。我們要一個不放過，一句不放過，一點一畫不放過，在數學上一個「0」也不放過。光是會用手，用腳，那是毛手毛腳沒有用，勤要勤得好，不要勤得沒有用。如果我有權，能夠命令諸位一定讀那本書，我就要諸位讀《巴斯德傳》，他就是不苟且，他就是注意極小極小百萬分、千萬分之一的東西。一罈酒壞了，巴斯德找出了原因，是一點點小的黴菌的侵入。一次，蠶忽然都得了病，差多就損失到二萬萬佛法郎，那原因就是在於一點點的百萬分千萬分之一的一個小黃點，那是要用顯微鏡才能看得出來的，後來找著了病，又費了幾年之力，又找著了他的治法。那就是蠶吐了絲之後，變蛹、變蛾，然後蛾再生卵，就用這個蛾釘起來，弄乾，拿顯微鏡照，如果蛾的身上發現了那種極小極小的黃點，那這個蛾所產的卵都把他燒了，就用了這個方法，省去了無數的不必要的損失，這就是一點不放過，一點不放過才能找出病源，這是正確，這是細膩。

第三點就是不要輕於相信人家。「先小人而後君子」。所謂「三個不相信出個大聖人」。我對這話非常佩服。所謂「打破砂鍋問到底」。都是告訴我們要懷疑，不要太迷信了自己的手眼，要相信比我們手眼精確到一百萬倍、一千萬倍的顯微鏡望遠鏡，不要輕於相信馬克思、列寧，不要相信蔡元培，或者相信一個胡適之，無論有怎樣大的名望的人，也許有錯。為什麼人家說六月六洗澡特別好，當鋪裡也要在六月六曬衣服，為什麼？我們不要輕於相信有許多在我們腦子裡的知識。許多小孩子時代，由母親、哥哥、姐姐，甚至老媽子、洋車伕告訴給我們的，或者是學堂裡的老師告訴給我們的。阿毛、阿狗告訴你的不一定對，王媽、李媽也不一定對，周老師、陳老師說的話也許有錯，我們說「拿證據來」！

鬼，我們自然不相信了，但是許多可信程度與鬼差不多的，我們還在相信，這不好。「三個不相信，出個大聖人」！這是謙卑，自以為滿足了，那就不需要了，也就沒有進步了。我們要有無窮盡的求知慾，要有無窮盡的虛。什麼是虛？就是有空的地方，讓新的東西進去。總上所說，習慣養成的大概就是如此。有了習慣的養成，才能去做學問。

我們普遍都知道的有什麼歸納法、演繹法，歸納是靠現成的材料把他集合起來，而演繹法則是由具體的事物推測到的新的結果。打個比方，今天，我們在團體和大禮堂講演，就拿治病來說，某病用某藥，某病用某藥，都是清清楚楚。但為什麼這就是猩紅熱，而不是虎列拉，不是瘧疾，那就是因為我們知道病理生理，那我們就可以知道某部分損害了，就可以得出某種結果，就可以從舊的智識裡得出新的結論。要做到這步，必須要有廣博的智識。古人說，開卷有益。古人留下來的一些現成東西我們為什麼不去求？不僅是自己本行內的智識要去求，即是不與本行相反的也要去求。王荊公說：「致其知而後識。」所以要博。墨子、老子的書，從前有些不能懂，到了嘉慶年間算學的傳入知道裡邊也有算學，隨後光學、力學傳入，再以後邏輯學、經濟學傳入，才知道《墨子》裡面也有光學，也有力學，以及邏輯學、經濟學。越是知道得多，瞭解一個事物一個問題越深。頭腦簡單的人，拿起一個問題很好解決，比方說社會不好，那乾脆來個革命，容易得很，等到知道得多一點，他解決的方法也就來得精密。巴斯德，他是學有機化學，發明黴菌，研究得深了，那這一學問就牽涉到一切的學問上去，和生理學、地質學等等都可以發生關係。因為他博，所以蠶病了他可以治，酒酸了或醋不酸了，他也可以治，其實他並沒有研究過蠶酒學，動物學家也許不能治他能治。據說牛頓發明「萬有引力」，是因為見到蘋果掉在地上，我們也都看見過蘋果落在地上，可是我們沒有發明「萬有引力」。巴斯德說過（講學問我總喜歡說到巴斯德）：「在考查研究範圍之內，機會，幫助有準備的心。」牛頓的心是有準備的，我們則沒有準備。從前我看察爾斯的《世界史綱》，覺得內容太博，這裡一個定理，那裡一個證明，抓來就能應用，真是左右逢源，俯拾即是。其次，我們就要追求問題。一些有創造有發明的人，都是從追求問題而來。如果諸位說先生不給問題，你們要打倒先生，學校裡沒有設備供你們解決問題，你們要打倒學校。這是千對萬對，我是非常贊成，就是因為追求問題是千對萬對。我舉一個例，有一天我上廬山，領了一個小孩子，那小孩有七八歲。當時我帶了一副骨牌，三十二張的骨牌，預備過五關消遣。那小孩就拿骨牌在那裡接龍，他告訴我把三十二張骨牌接起來，一定一頭是二，一頭是五。我問他試過幾問，他說試過幾問，我一試，居然也如此，這就是能提出問題。宇宙間的問題，多得很，只要能提出問題，終究就能得到結果。自然骨牌的問題是很好解決，就是牌裡面只有二頭與五頭是單數，其他都是雙數。問題發生，就得到新的發現，新的智識。有一次我給學生考邏輯學，我說，我只考你們一個問題，把過去你們以自己的經驗解決了問題的一件事告訴我。其中一個答得很有意思。他晚上看小說，煤油燈忽然滅了，但是燈裡面還有油，原因是燈帶短吸不起油。這怎麼辦呢，小說不能看完。如果燈底下放兩個銅子墊起來，煤油也仍是不會上來的。他後來忽然想起從前學校裡講過煤油是比水輕，所以他就在裡邊灌上水，油跑到上面，燈帶吸著油，小說看完了。這就是從實際裡提出問題得到的新學問。所以無論是學工業、學農業、學經濟，第一就是提出問題，第二就是提出許多假定的解決，第三就提出假定解決人（甲、乙、丙），最後求得證實。如果你不能從舊的裡面得出新的東西來，以前所學即是無用。所謂「養兵千日用在一朝」，就如我說煤油燈這一個故事。

最後還要說一點，書本子的路，我現在覺得是走不通了，那只能給少數的人，作文學，作歷史用的，我們現在所缺的，是動手。報紙上宣傳著學校裡要取消文科、法科，那不過是紙上談兵，事實上辦不到，如果能夠辦到，我是非常贊成，我們寧可能夠打釘打鐵。目不識丁，不要緊，只是在書堆裡鑽，在紙堆裡鑽，就只能作作像。我胡適之這樣的考據家，一點用沒有。中國學問並不是比外國人差，其實也很精密，可是中國的顧亭林等學者在那裡考證音韻，為了考證古時這個字，讀這個音不是讀那個音，不惜舉上一百六十七個例！可是外國牛頓，他們都在注意蘋果掉地，在發明望遠鏡、顯微鏡，看天看地，看大看到無窮，看小也看到無窮，能和宇宙間的事物混作一片，那才是作學問的真方法。

到這裡差不多講完了。在上面我舉了培根所說的三個畜生，這裡我再加上一對畜生，來比方治學的方法。你們都知道龜兔賽跑的故事，兔子雖然有天才，卻不能像烏龜那樣拚命的爬，所以達到目的的是烏龜而不是兔子。治學的方法也是如此，寧可我們沒有天才，拚命的努力，不可自恃天才去睡一大覺，寧可我們作烏龜，卻不可去當兔子。所以我們的口號是：「兔子學不得，烏龜可學也！」自然最好是能夠龜兔合而為一。

三論治學方法

要大膽的提出假設，但這種假設還得想法子證明。所以小心的求證，要想法子證實假設或者否證假設，比大膽的假設還重要。

第一講引言

今天講治學的方法，其實也是帶紀念性的。我感覺到臺大的故校長——傅斯年先生，他是一個最能幹、最能夠領導一個學校、最能夠辦事的人。他辦過中央研究院，歷史語言研究所。他也在我之先代理過北大校長一年；不是經過那一年，我簡直沒有辦法。後來做臺大校長，替臺大定下很好的基礎。他這個人，不但是國家的一個人，他是世界上很少見的一個多方面的天才，他的記憶力之強更是少有的。普通記憶力強的人往往不能思想；傅先生記憶力強，而且思考力非常敏銳，這種兼有記憶力與思考力的人，是世界上少見的。同時，能夠做學問的人不見得能夠辦事，像我這樣子，有時候可以在學問上做一點工作，但是碰到辦事就很不行。錢校長說我當北大校長，還可以做研究的工作，不是別的，只因為我不會辦事。我做校長，完全是無為而治；一切事都請院長、教務長、訓導長去辦，我從來不過問學校的事；自己關起門來做學問。傅先生能夠做學問而又富有偉大的辦事能力；像這種治學方法同辦事能力合在一塊，更是世界上少見的。因為傅先生跟我是多年的同事，多年的朋友；同時在做學問這一條路上，我們又是多年的同志。所以我今天在臺大來講治學方法，也可以說是紀念這個偉大而可惜過去得太早的朋友。

我到臺大來講治學的方法，的確是很膽怯；因為我在國內教育界服務幾十年，我可以告訴臺大的同學們：現在臺大文史的部門，就是從前在大陸沒有「淪陷」的時候也沒有看見過有這樣集中的人才；在歷史、語言、考古方面，傅先生把歷史語言研究所的人才都帶到這裡來，同臺大原有的人才，和這幾年來陸續從大陸來的人才連在一塊，可以說是中國幾十年來辦大學空前的文史學風。我很希望，不但在文學院歷史學系、語言學系、考古學系的同學們要瞭解臺大文史人才的集中是大陸「淪陷」以前從來沒有過的情形，更希望臺大各院各系的同學都能夠明了，都能夠寶貴這個機會，不要錯過這個機會。就是學醫、學農、學工、學法律、學社會科學的，都可以利用這個機會來打聽這許多文史方面領袖的人才是怎樣講學，怎樣研究，怎樣在學問方面做工作。我不是借這個機會替臺大做義務廣告，我實在覺得這樣的機會是很可寶貴的，所以希望諸位能夠跟我一樣瞭解臺大現在在文史方面的領導地位。

我看到講臺前有許多位文史方面的老朋友們，我真是膽怯，因為我不是講天文學、地質學、物理、化學，是在文史方面講治學方法。在諸位先生面前講這個題目真是班門弄斧了。

我預備講三次：第一次講治學方法的引論，第二次講方法的自覺，第三次講方法與材料的關係。

今天我想隨便談談治學的方法。我個人的看法，無論什麼科學——天文、地質、物理、化學等等——分析起來，都只有一個治學方法，就是做研究的方法。什麼是做研究呢？就是說，凡是要去研究一個問題，都是因為有困難問題發生，要等我們去解決它；所以做研究的時候，不是懸空的研究。所有的學問，研究的動機和目標是一樣的。研究的動機，總是因為發生困難，有一個問題，從前沒有看到，現在看到了；從前覺得沒有解決的必要，現在覺得有解決的必要的。凡是做學問，做研究，真正的動機都是求某種問題某種困難的解決；所以動機是困難，而目的是解決困難。這並不是我一個人的說法，凡是有做學問做研究經驗的人，都承認這個說法。真正說起來，做學問就是研究；研究就是求得問題的解決。所有的學問，做研究的動機是一樣的，目標是一樣的，所以方法也是一樣的。不但是現在如此；我們研究西方的科學思想、科學發展的歷史，再看看中國二千五百年來凡是合於科學方法的種種思想家的歷史，知道古今中外凡是在做學問做研究上有成績的人，他的方法都是一樣的。古今中外治學的方法是一樣的。為什麼是一樣呢？就是因為做學問做研究的動機和目標是一樣的。從一個動機到一個目標，從發現困難到解決困難，當中有一個過程，就是所謂方法。從發現困難那一天起，到解決困難為止，當中這一個過程，可能很長，也可能很短。有的時候要幾十年，幾百年才能夠解決一個問題；有的時候只要一個鐘頭就可以解決一個問題。這個過程就是方法。

剛才我說方法是一樣的，方法是甚麼呢？我曾經有許多時候，想用文字把方法做成一個公式、一個口號、一個標語，把方法扼要地說出來；但是從來沒有一個滿意的表現方式。現在我想起我二三十年來關於方法的文章裡面，有兩句話也許可以算是講治學方法的一種很簡單扼要的話。

那兩句話就是：「大膽的假設，小心的求證。」要大膽的提出假設，但這種假設還得想法子證明。所以小心的求證，要想法子證實假設或者否證假設，比大膽的假設還重要。這十個字是我二三十年來見之於文字，常常在嘴裡向青年朋友們說的。有的時候在我自己的班上，我總希望我的學生們能夠瞭解。今天講治學方法引論，可以說就是要說明什麼叫做假設；什麼叫做大膽的假設；怎麼樣證明或者否證假設。

剛才我說過，治學的辦法，做研究的方法，都是基於一個困難。無論是化學、地質學、生物學、社會科學上的一個問題，都是一個困難。當困難出來的時候，本於個人的知識、學問，就不知不覺的提出假設，假定有某幾種可以解決的方案。比方諸位在臺灣這幾年看見雜誌上有討論《紅樓夢》的文章，就是所謂紅學。到底《紅樓夢》有什麼可以研究呢？《紅樓夢》發生了什麼問題呢？普通人看《紅樓夢》裡面的人物，都是不發生問題的，但是有某些讀者卻感覺到《紅樓夢》發生了問題：《紅樓夢》究竟是什麼意思？當時寫賈寶玉、林黛玉這些人的故事有沒有背景？有沒有「微言大義」在裡面？寫了一部七八十萬字的書來講賈家的故事，講一個紈絝子弟賈寶玉同許多漂亮的丫頭、漂亮的姊妹親戚們的事情，有什麼意義沒有？這是 個問題。怎麼樣解決這個問題呢？當然你有一個假設，他也有一個假設。

在二三十年前，我寫《紅樓夢考證》的時候，有許多關於《紅樓夢》引起的問題的假設的解決方案。有一種是說《紅樓夢》含有種族思想，書中的人物都是影射當時滿洲的官員，林黛玉是暗指康熙時候歷史上一個有名的男人；薛寶釵、王鳳姐和那些丫頭們都是暗指歷史上的人物。還有一種假設說賈寶玉是指一個滿洲宰相明珠的兒子叫做納蘭性德——他是一個了不起的天才很高的文學家——那些丫頭、姐妹親戚們都是代表宰相明珠家裡的一班文人清客；把書中漂亮的小姐們如林黛玉、薛寶釵、王鳳姐、史湘雲等人都改裝過來化女為男。我認為這是很不可能，也不需要化妝變性的說法。

後來我也提出一個假設。我的假設是很平常的。《紅樓夢》這本書，從頭一回起，作者就說這是我的自傳，是我親自所看見的事體。我的假設就是說，《紅樓夢》是作者的自傳，是寫他親自看見的家庭。賈寶玉就是曹雪芹；《紅樓夢》就是寫曹家的歷史。曹雪芹是什麼人呢？他的父親叫曹，他的祖父叫做曹寅；一家三代四個人做江寧織造，做了差不多五十年。所謂寧國府、榮國府，不是別的，就是指他們祖父、父親、兩個兒子，三代四個人把持五十多年的江寧織造的故事。書中說到，「皇帝南巡的時候，我們家裡接駕四次。」如果在普通人家，招待皇帝四次是可能傾家蕩產的；這些事在當時是值得一吹的。所以，曹雪芹雖然將真事隱去，仍然捨不得要吹一吹。曹雪芹後來傾家蕩產做了文丐，成了叫花子的時候，還是讀書喝酒，跟書中的賈寶玉一樣。這是一個假設；我舉出來作一個例子。

要解決「《紅樓夢》有什麼用意」這個問題，當然就有許多假設。提出問題求解決，是很好的事情；但先要看這些假設是否能夠得到證明。凡是解決一個困難的時候，一定要有證明。我們看這些假設，有的說這本書是罵滿洲人的；是滿洲人統治中國的時候，漢人含有民族隱痛，寫出來罵滿洲人的。有的說是寫一個當時的大戶人家，宰相明珠家中天才兒子納蘭性德的事。有的說是寫康熙一朝的政治人物。而我的假設呢？我認為這部書不是談種族的仇恨，也不是講康熙時候的事。都不是的！從事實上照極平常的做學問的方法，我提出一個很平常的假設，就是〈紅樓夢〉這本書的作者在開頭時說的，他是在說老實話，把他所看見的可愛的女孩子們描寫出來；所以書中描寫的人物可以把個性充分表現出來。方才所說的「大膽的假設」，就是這種假設。我恐怕我所提出的假設只夠得上小膽的假設罷了！

凡是做學問，不特是文史方面的，都應當這樣。譬如在化學實驗室做定性分析，先是給你一盒東西，對於這盒東西你先要做幾個假設，假設某種顏色的東西是什麼，然後再到火上燒燒，看看試驗管發生了什麼變化：這都是問題。這與《紅樓夢》的解釋一樣的有問題；做學問的方法是一樣的。我們的經驗，我們的學問，是給我們一點知識以供我們提出各種假設的。所以「大膽的假設」就是人人可以提出的假設。因為人人的學問，人人的知識不同，我們當然要容許他們提出各種各樣的假設。一切知識，一切學問是幹什麼用的呢？為什麼你們在學校的這幾年中有許多必修與選修的學科？都是給你們用；就是使你在某種問題發生的時候，腦背後就這邊湧上一個假設，那邊湧上一個假設。做學問，上課，一切求知識的事情，一切經驗——從小到現在的經驗，所有學校裡的功課與課外的學問，為的都是供給你種種假設的來源，使你在問題發生時有假設的材料。如果遇上一個問題，手足無措，那就是學問、知識、經驗，不能應用，所以看到一個問題發生，就沒有法子解決。這就是學問知識裡面不能夠供給你一些活的材料，以為你做解決問題的假設之用。

單是假設是不夠的，因為假設可以有許多。譬如《紅樓夢》這一部小說，就引起了這麼多假設。所以第二步就是我所謂「小心的求證」。在真正求證之先，假設一定要仔細選擇選擇。這許多假設，就是假定的解決方法，看哪一個假定的解決方法是比較近情理一點，比較可以幫助我們解決那個開始發生的那個困難問題。譬如《紅樓夢》是講的什麼？有什麼意思沒有？有這麼多的假定的解釋來了，在挑選的時候先要看哪一個假定的解釋比較能幫助你解決問題，然後說：對於這一個問題，我認為我的假設是比較能夠滿意解決的。譬如我的關於《紅樓夢》的假設，曹雪芹寫的是曹家的傳記，是曹雪芹所看見的事實。賈母就是曹母，賈母以下的丫頭們也都是他所看見的真實人物。當然名字是改了，姓也改了。

但是我提出這一個假設，就是說《紅樓夢》是曹雪芹的自傳，最要緊的是要求證。我能夠證實它，我的假設才站得住；不能證實，它就站不住。求證就是要看你自己所提出的事實是不是可以幫助你解決那個問題。要知道《紅樓夢》在講什麼，就要做《紅樓夢》的考證。現在我可以跟諸位做一個坦白的自白。我在做《紅樓夢考證》那三十年中，曾經寫了十幾篇關於小說的考證，如《水滸傳》、《儒林外史》、《三國演義》、《西遊記》、《老殘遊記》、《三俠五義》等書的考證。而我費了最大力量的，是一部講怕老婆的故事的書，叫做《醒世姻緣》，約有一百萬字。我整整花了五年工夫，做了五萬字的考證。也許有人要問，胡適這個人是不是發了瘋呢？天下可做的學問很多，而且是學農的，為什麼不做一點物理、化學有關科學方面的學問呢？為什麼花多少年的工夫來考證《紅樓夢》、《醒世姻緣》呢？我現在做一個坦白的自白，就是：我想用偷關漏稅的方法來提倡一種科學的治學方法。我所有的小說考證，都是用人人都知道的材料，用偷關漏稅的方法，來講做學問的方法的。譬如講《紅樓夢》，至少我對於研究《紅樓夢》問題，我對它的態度的謹嚴，自己批評的嚴格，方法的自覺，跟我考據研究《水經注》是一樣的。我對於小說材料，看做同化學問題的藥品材料一樣，都是材料。我拿《水滸傳》、《醒世姻緣》、《水經注》等書做學問的材料。拿一種人人都知道的材料用偷關漏稅的方法，要人家不自覺的養成一種「大膽的假設，小心的求證」的方法。

假設是人人可以提的。譬如有人提出駭人聽聞的假設也無妨。假說是愈大膽愈好。但是提出一個假設，要想法子證實它。因此我們有了大膽假設以後，還不要忘了小心的求證。比如我考證《紅樓夢》的時候，我得到許多朋友的幫助，我找到許多材料。我已經印出的本子，是已經改了多少次的本子。我先要考出曹雪芹於《紅樓夢》以外有沒有其他著作？他的朋友和同他同時代的人有沒有什麼關於他的著作？他的父親、叔父們有沒有什麼關於他的記載？關於他一家四代五個人，尤其是關於他的祖父曹寅，有多少材料可以知道他那時候的地位？家裡有多少錢，多麼闊？是不是真正能夠招待皇帝到四次？我把這些有關的證據都想法找了來，加以詳密的分析，結果才得到一個比較認為滿意的假設，認定曹雪芹寫《紅樓夢》，並不是什麼微言大義，只是一部平淡無奇的自傳——曹家的歷史。我得到這一家四代五個人的歷史，就可以幫助說明。當然，我的假設並不是說就完全正確；但至少可以在這裡證明「小心求證」這個功夫是很重要的。

現在我再舉一個例來說明。方才我說的先是發生問題，然後是解決問題。要真正證明一個東西，才做研究。要假設　個比較最能滿意的假設，來解決當初引起的問題。譬如方才說的《紅樓夢》，是比較複雜的。但是我認為經過這一番的研究，經過這一番材料的收集，經過這一番把普通人不知道的材料用有系統的方法來表現出來，敘述出來，我認為我這個假設在許多假設當中，比較最能滿意的解答「《紅樓夢》說的是什麼？有什麼意思？」

方才我提到一部小說，恐怕是諸位沒有看過的，叫做《醒世姻緣》，差不多有一百萬字，比《紅樓夢》還長，可以說是中國舊小說中最長的。這部書講一個怕老婆的故事。他討了一個最可怕的太太。這位太太用種種方法打丈夫的父母朋友。她對於丈夫，甚至於一看見就生氣；不但是打，有一次用熨鬥裡的紅炭從她丈夫的官服圓領口倒了進去，幾乎把他燒死；有一次用洗衣的棒搥打了他六百下，也幾乎打死他。把這樣一個怕老婆的故事敘述了一百萬字以上，結果還是沒有辦法解脫。為什麼呢？說這是前世的姻緣。書中一小半，差不多有五分之一是寫前世的事。後半部是講第二世的故事。在前世被虐待的人，是這世的虐待者。婚姻問題是前世的姻緣，沒有法子解脫的。想解脫也解脫不了。結果只能唸經做好事。在現代摩登時代的眼光看，這是一個很迷信的故事。但是這部書是了不得的。用一種山東淄川的土話描寫當時的人物是有一種詼諧的風趣的；描寫荒年的情形更是歷歷如繪。這可以說是世界上一部偉大的小說。我就提倡把這部書用新的標點符號標點出來，同書局商量翻印。寫這本書的人是匿名，叫西周生。西周生究竟是什麼人呢？於是我做了一個大膽的假設；這個假設可以說是大膽的（方才說的，我對於《紅樓夢》的假設，可以說是小膽的假設）。我認為這部書就是《聊齋志異》的作者蒲松齡寫的。我這個假設有什麼證據呢？為什麼引起我作這種假設呢？這個假設從哪裡來的呢？平常的經驗、知識、學問，都是給我們假設用的。我的證據是在《聊齋志異》上一篇題名《江城》的小說。這個故事的內容結構與《醒世姻緣》一樣。不過《江城》是一個文言的短篇小說；《醒世姻緣》是白話的長篇小說。《醒世姻緣》所描寫的男主角所以怕老婆，是因為他前世曾經殺過一個仙狐，下一世仙狐就轉變為一個女人做他的太太，變得兇狠可怕。《聊齋志異》裡面的短篇《江城》所描寫的，也是因為男主角殺過一個長生鼠，長生鼠也就轉世變為女人來做他的太太，以報復前世的冤仇。這兩個故事的結構太一樣了，又同時出在山東淄川，所以我就假設西周生就是蒲松齡。我又用語言學的方法，把書裡面許多方言找出來。運氣很好，正巧那幾年國內發現了蒲松齡的幾部白話戲曲，尤其是長篇的戲曲，當中有一篇是將《江城》的故事編寫成為白話戲曲的。我將這部戲曲裡的方言找出來，和《醒世姻緣》

裡面的方言詳細比較，有許多特別的字集成為一個字典，最後就證明《醒世姻緣》和《江城》的白話戲曲的作者是同一個小區域裡的人。再用別的方法來證明那個時代的荒年；後來從歷史的記載裡得到同樣的結論。考證完了以後，就有書店來商量印行，並排好了版。我因為想更確實一點，要書局等一等，一等就等了五年。到了第五年才印出來。當時傅先生很高興——因為他是作者的同鄉，都是山東人。我舉這一個例，就是說明要大膽的假設，而單只假設還是不夠的。後來我有一個在廣西桂縣的學生來了封信，告訴我說，這個話不但你說，從前已經有人說過了。乾隆時代的鮑廷博，他說留仙（蒲松齡）除了《聊齋志異》以外，還有一部《醒世姻緣》。因鮑廷博是刻書的，曾刻行《聊齋志異》。他說的話值得注意。我經過幾年的間接證明，現在至少有個直接的方法幫助我證明了。

我所以舉這些例，把這些小說當成待解決的問題看，目的不過是要拿這些人人都知道的材料，來灌輸介紹一種做學問的方法。這個方法的要點，就是方才我說的兩句話：「大膽的假設，小心的求證。」如果一個有知識、有學問、有經驗的人遇到一個問題，當然要提出假設，假定的解決方法。最要緊的是還要經過一番小心的證實，或者否證它。如果你認為證據不充分，就寧肯懸而不決，不去下判斷，再去找材料。所以小心的求證很重要。

時間很短促，最後我要引用臺大故校長傅先生的一句口號，來結束這次講演。他這句口號是在民國十七年開辦歷史語言研究所時的兩句名言，就是「上窮碧落下黃泉，動手動腳找東西。」這兩句話前一句是白居易《長恨歌》中的一句，後一句是傅先生加上的。今天傅校長已經去世，可是今天在座的教授李濟之先生卻還大為宣傳這個口號，可見這的確是我們治學的人應該注意的。假設人人能提，最要緊的是能小心的求證；為了要小心的求證，就必須：「上窮碧落下黃泉，動手動腳找東西。」今天講的很淺近，尤其是在座有許多位文史系平常我最佩服的教授，還請他們多多指教。

第二講方法的自覺

上次我在臺大講治學方法的引論，意思說我們須把科學的方法——尤其是科學實驗室的態度——應用到文史和社會科學方面。治學沒有什麼祕訣，有的話，就是：「思想和研究都得要注重證據。」所以我上次提出「大膽的假設，小心的求證」兩句話作為治學的方法。後來錢校長對我說：學理、工、農、醫的人應該注重在上一句話「大膽的假設」，因為他們都已比較的養成了一種小心求證的態度和習慣了；至於學文史科學和社會科學的人，應該特別注重下一句話「小心的求證」，因為他們沒有養成求證的習慣。錢校長以為這兩句話應該有一種輕重的區別：這個意思，我大體贊成。

今天我講治學方法第二講：方法的自覺。單說方法是不夠的；文史科學和社會科學的錯誤，往往由於方法的不自覺。方法的自覺，就是方法的批評；自己批評自己，自己檢討自己，發現自己的錯誤，糾正自己的錯誤。做科學實驗室工作的人，比較沒有危險，因為他隨時隨地都有實驗的結果可以糾正自己的錯誤。他假設在某種條件之下應該產生某種結果；如果某種條件具備而不產生某種結果，就是假設的錯誤。他便毫不猶豫的檢討錯誤在什麼地方，重新修正。所以他可以隨時隨地的檢討自己、批評自己、修正自己，這就是自覺。

但我對錢校長說的話也有一點修正。做自然科學的人，做應用科學的人，學理、工、農、醫的人，雖然養成了科學實驗室的態度，但是他們也還是人，並不完全是超人，所以也不免有人類通有的錯誤。他們穿上了實驗室的衣服，拿上了試驗管、天平、顯微鏡，做科學實驗的時候，的確是很嚴格的。但是出了實驗室，他們穿上禮拜堂的衣服，就完全換了一個態度；這個時候，他們就不一定能夠保持實驗室的「大膽的假設，小心的求證」的態度。一個科學家穿上禮拜堂的衣服，方法放假了，思想也放假了；這是很平常的事。我們以科學史上很有名的英國物理學家洛奇先生（sri oliver lodge）a為例。他在物理學上占很多的地位；當他討論到宗教信仰問題的時候，就完全把科學的一套丟了。大家都知道他很相信鬼。他談到鬼的時候，就把科學實驗室的態度和方法完全擱開。他要同鬼說話、同鬼見面。他的方法不嚴格了，思想也放假了。

真正能夠在實驗室裡注重小心求證的方法，而出了實驗室還能夠把實驗室的態度應用到社會問題、人生問題、道德問題、宗教問題的——這種人很少。今天我特別要引一個人的話作我講演的材料：這人便是赫胥黎（t。h。huxley）。他和達爾文二人，常常能夠保持實驗室的態度，嚴格的把這個方法與態度應用到人生問題和思想信仰上去。一八六〇年，赫胥黎最愛的一個兒子死了。他有一個朋友，是英國社會上很有地位的文學家、社會研究家和宗教家，名叫金司萊（charles kinsley）。他寫了一封信安慰赫胥黎，趁這個機會說：「你在最悲痛的時候，應該想想人生的歸宿問題吧！應該想想人死了還有靈魂，靈魂是不朽的吧！你總希望你的兒子，不是這麼死了就了了。你在最哀痛的時候，應該考慮考慮靈魂不朽的問題呵！」因為金司萊的地位很高，人格是很可敬的，所以赫胥黎也很誠懇的寫了一封長信答覆他。這信裡面有幾句話，值得我引來作講方法自覺的材料。他說：「靈魂不朽這個說法，我並不否認，也不承認，因為我找不出充分的證據來接受它。我平常在科學室裡的時候，我要相信別的學說，總得要有證據。假使你金司萊先生能夠給我充分的證據，同樣力量的證據，那麼，我也可以相信靈魂不朽這個說法。但是，我的年紀越大，越感到人生最神聖的一件舉動，就是口裡說出和心裡覺得『我相信某件事物是真的』。」我認為說這一句話是人生最神聖的一件舉動，人生最大的報酬和最大的懲罰都跟著這個神聖的舉動而來的。赫胥黎是解剖學大家。他又說：「假如我在實驗室做解剖、做生理學試驗的時候，遇到一個小小的困難，我必須要嚴格的不信任一切沒有充分證據的東西，我的工作才可以成功。我對於解剖學或者生理學上小小的困難尚且如此；那麼，我對人生的歸宿問題，靈魂不朽問題，難道可以放棄我平常的立場和方法嗎？」我在好幾篇文章裡面常常引到這句話。今天摘出來作為說方法自覺的材料。赫胥黎把嘴裡說出，心裡覺得「我相信某件事物是真的」這件事，看作人生最神聖的一種舉動。無論是在科學上的小困難，或者是人生上的大問題，都得要嚴格的不信任一切沒有充分證據的東西：這就是科學的態度，也就是做學問的基本態度。

在文史方面和社會科學方面的研究，還沒有能夠做到這樣嚴格。我們以美國今年的大選同四年前的大選來做說明。一八四八年美國大選有許多民意測驗研究所，單是波士頓一個地方就有七個民意測驗研究所。他們用社會科學家認為最科學的方法來測驗民意。他們說：杜魯門一定失敗，杜威一定成功。到了選舉的時候，杜魯門拿到總投票百分之五十點四，獲得了勝利。被社會科學家認為最科學、最精密的測驗方法，竟告不靈；弄得民意測驗研究所的人，大家面紅耳赤，簡直不敢見人，幾乎把方法的基礎都毀掉了。許多研究社會科學、自然科學、統計學的朋友說，不要因為失敗，就否認方法；這並不是方法錯了，是用方法人不小心，缺乏自覺的批評和自覺的檢討。今天美國大選，所有民意測驗機構都不敢預言誰能得勝了；除了我們平時不掛「民意測驗」「科學方法」的招牌的人隨便談的時候還敢說「我相信艾森豪威爾（艾森豪）會得勝」外，連報紙專欄作家和社論專家都不敢預言，都說今年大選很不容易推測。結果，艾森豪威爾（艾森豪）獲得了百分之五十五的空前多數。為什麼他們的測驗含有這樣的錯誤呢？他們是向每一個區域，每一類投票權的人徵詢意見，把所得到的結果發表出來。比方今年，有百分之四十九的人贊成共和黨艾森豪威爾（艾森豪），百分之四十七贊成民主黨史蒂文生，還有百分之四沒有意見。一九四八年的選舉，百分之五十點四便可以勝利——其實百分之五十點一就夠了，百分之五十點零零一也可以勝利。所以這百分之四沒有表示意見的人，關係很大的。在投票之前，他們不表示意見，當投票的時候，就得表示意見了。到了這個時候，不說百分之一，就是千分之一也可以影響全局。沒有計算到這裡面的變化，就容易錯誤了。以社會科學最精密的統計方法，尚且有漏洞，那麼，在文史的科學上面，除了考古學用實物做證據以及很嚴格的歷史研究之外，普通沒有受過科學洗禮的人，沒有嚴格的自己批評自己的人，便往往把方法看得太不嚴格，用得太鬆懈了。

有一個我平常最不喜歡舉的例子，今天我要舉出來簡單的說一說。社會上常常笑我，報紙上常常挖苦我的題目，就是《水經注》的案子。為什麼我發了瘋，花了五年多的工夫去研究《水經注》這個問題呢？我得聲明，我不是研究《水經注》本身。我是重審一百多年的《水經注》的案子。我花五年的工大來審這件案子，因為一百多年來，有許多有名的學者，如山西的張穆、湖南的魏源、湖北的楊守敬和作了許多地理學說為現代學者所最佩服的浙江王國維以及江蘇的孟森：他們都說我所最佩服的十八世紀享有盛名的考古學者、我的老鄉戴先生是個賊，都說他的《水經注》的工作是偷了寧波全祖望、杭州趙一清兩個人的《水經注》的工作的。說人家作賊，是一件大事，是很嚴重的一件刑事控訴。假如我的老鄉還活著的話，他一定要提出反駁，替自己辯白。但是他是一七七七年死的，到現在已經死了一七五年，骨頭都爛掉了，沒有法子再跑回來替自己辯護。而這一班大學者，用大學者的威權，你提出一些證據，他提出一些證據，一百多年來不斷的提出證據——其實都不是靠得住的證據——後來積非成是，就把我這位老鄉壓倒了，還加上很大的罪名，說他作賊，說他偷人家的書來作自己的書。一般讀書的人，都被他們的大名嚇倒了，都相信他們的「考據」，也就認為戴震偷人的書，已成定論，無可疑了。我在九年前，偶然有一點閒工夫，想到這一位老鄉是我平常所最佩服的，難道他是賊嗎？我就花了六個月的時間，把他們幾個人提出的一大堆證據拿來審查，提出了初步的報告。後來覺得這個案子很複雜，材料太多，應該再審查。一審就審了五年多，才把這案子弄明白；才知道這一百多年的許多有名的學者，原來都是糊塗的考證學者。他們太懶，不肯多花時間，只是關起大門考證；隨便找幾條不是證據的證據，判決一個死人作賊；因此構成了一百多年來一個大大的冤獄！

我寫了一篇關於這個案子的文章，登在美國國會圖書館的刊物上。英美法系的證據法，凡是原告或檢察官提出來的證據，經過律師的辯論，法官的審判，證據不能成立的時候，就可以宣告被告無罪。照這個標準，我只要把原告提出來的證據駁倒，我的老鄉戴震先生就可以宣告無罪了，但是當我拿起筆來要寫中文的判決書，就感覺困難。我還得提出證據來證明戴震先生的確沒有偷人家的書，沒有作賊。到這個時候，我才感覺到英美法系的證據法的標準，跟我們東方國家的標準不同。於是我不但要作考據，還得研究證據法。我請教了好幾位法官：中國證據法的原則是什麼？他們告訴我：中國證據法的原則只有四個字，就是「自由心證」。這樣一來，我證明原告的證據不能成立還不夠，還得要做偵探，到處蒐集證據；搜了五年，才證明我的老鄉的確沒有看見全祖望、趙一清的《水經注》。沒有機會看見這些書，當然不會偷了這些書，也就沒有作賊了。

我花了五年的工夫得著這個結論；我對於這個案件的判決書就寫出來了。這雖然不能當作專門學問看，至少也可以作為文史考證的方法。我所以要做這個工作，並不是專替老鄉打抱不平，替他做律師、做偵探。我上次說過，我藉著小說的考證，來解說治學的方法。同樣的，我也是借《水經注》一百多年的糊塗官司，指出考證的方法。如果沒有自覺的批評、檢討、修正，那就很危險。根據五年研究《水經注》這件案子的經驗，我認為作文史考據的人，不但要時時刻刻批評人家的方法，還要批評自己的方法；不但要調查人家的證據，還得要調查自己的證據。五年的審判經驗，給了我一個教訓。為什麼這些有名的考證學者會有這麼大的錯誤呢？為什麼他們會冤枉一位死了多年的大學者呢？我的答案就是：這些做文史考據的人，沒有自覺的方法。剛才說過，自覺就是自己批評自己，自己檢討自己，自己修正自己。這是最重要的一點。在文史科學、社會科學方面，我們不但要小心的求證，還得要批評證據。自然科學家就不會有這種毛病；因為他們在實驗室的方法就是一種自覺的方法。所謂實驗，就是用人工造出證據來證明一個學說、理論、思想、假設。比方天然界的水，不能自然的分成氫氣和氧氣。化學家在做實驗的時候，可以用人工把水分成氫氣和氧氣各為若幹成分。天然界不存在的東西，看不見的現狀，科學家在實驗室裡面用人工使他們產生出來，以證明某種假設，這就是所謂實驗。文史科學、社會科學沒有法子創造證據。我們的證據全靠前人留下來的；留在什麼地方，我們就到什麼地方去找，不能說找不到便由自己創造一個證據出來。如果那樣，就是偽證，是不合法的。

我們既然不能像自然科學家一樣，用實驗的方法來創造證據，那麼，怎麼辦呢？除了考古學家還可以從地下發掘證據以外，一般文史考證，只好在這本書裡頭去發現一條，在那本書裡面去發現一條，來作為考證的證據。但是自己發現的證據，往往缺乏自己檢討自己的方法。怎麼樣才可以養成方法的自覺呢？今天我要提出一個答案；這個答案是我多年以來常常同朋友們談過，有時候也見諸文字的。中國的考證學，所謂文史方面的考證，是怎麼來的呢？我們的文史考證同西方不一樣。西方是先有了自然科學，自然科學的方法已經應用了很久，並且已經演進到很嚴格的地步了，然後才把它應用到人文科學方面；所以他們所用的方法比較好些。我們的考證學已經發達了一千年，至少也有九百年，或者七百年的歷史了。從宋朝朱子（歿於西曆1200年）以來，我們就已經有了所謂窮理、格物、致知的學問，卻沒有自然科學的方法。人家西方是從自然科學開始；我們是從人文科學開始。我們從朱子考證《尚書》、《詩經》等以來，就已經開了考證學的風氣；但是他們怎麼樣得到考據的方法呢？他們所用的考證、考據這些名詞，都是法律上的名詞。中國的考據學的方法，都是過去讀書人做了小官，在判決官司的時候得來的。在唐宋時代，一個中了進士的人，必須先放出去做縣尉等小官。他們的任務就是幫助知縣審判案子，以訓練判案的能力。於是，一般聰明的人，在做了親民的小官之後，就隨時誠誠懇懇地去審判人民的訴訟案件；久而久之，就從判案當中獲得了一種考證、考據的經驗。考證學就是這樣出來的。我們講到考證學，講到方法的自覺，我提議我們應參考現代國家法庭的證據法（law of evidence）。在西方證據法發達的國家，尤其是英美，他們的法庭中，都採用陪審制度，審案的時候，由十二個老百姓組成陪審團，聽取兩造律師的辯論。在陪審制度下，兩造律師都要提出證人證物；彼此有權駁斥對方的證人證物。駁來駁去，許多證人證物都因此不能成立，或得減少了作證的力量。同時因為要顧到駁斥的關係，許多假的，不正確的和不相干的證據，都不能提出來了。陪審員聽取兩造的辯駁之後，開會判斷誰有罪，誰無罪。然後法官根據陪審員的判斷來定罪。譬如你說某人偷了你的表，你一定要拿出證據來。假如你說因為昨天晚上某人打了他的老婆，所以證明他偷了你的表；這個證明就不能成立。因為打老婆與偷表並沒有關係。你要把這個證據提出來打官司，法官就不會讓你提出來。就是提出來也沒有力量。就算你修辭很好，講得天花亂墜，也是沒有用的。因為不相干的證據不算是證據。陪審制度容許兩造律師各駁斥對方的證據，所以才有今天這樣發達的證據法。

我們的考據學，原來是那些早年做小官的人，從審判訴訟案件的經驗中學來的一種證據法。我今天的提議，就是我們作文史考據的人，用考據學的方法，以證據來考訂過去的歷史的事實，以證據來批判一件事實的有無、是非、真假。我們考證的責任，應該同陪審員或者法官判決一個罪人一樣，有同等的嚴肅性。我們要使得方法自覺，就應該運用證據法上允許兩造駁斥對方所提證據的方法，來作為我們養成方法自覺的一種訓練。如果我們關起門來做考據，判決這個人做賊，那個人是漢奸，是貪官汙吏，完全用自己的判斷來決定天下古今的是非、真偽、有無；在我們的對面又沒有律師來駁斥我們；這樣子是不行的。我們要假定有一個律師在那裡，他隨時要駁斥我們的證據，批評我們的證據是否可靠。要是沒有一個律師在我們的面前，我們的方法就不容易自覺，態度也往往不夠謹慎，所得的結論也就不夠正確了。所以，我們要養成自覺的習慣，必須樹立兩個自己審查自己的標準：

第一，我們要問自己：你提出的這個證人可靠嗎？他有做證人的資格嗎？你提出來的證物可靠嗎？這件證物是從哪裡來的？這個標準是批評證據。

第二，我們還要問自己：你提出的這個證人或者證物是要證明本案的哪一點？譬如你說這個人偷了你的表，你提的證據卻是他昨天晚上打老婆；這是不相干的證據，這不能證明他偷了你的表。像這種證據，須要趕出法庭之外去。

要做到方法的自覺，我覺得唯一的途徑，就是自己關起門來做考據的時候，就要如臨師保，如臨父母。我們至少要做到上面所提的兩個標準：一要審查自己的證據可靠不可靠；二要審查自己的證據與本案有沒有相干。還要假定對方有一個律師在那裡，隨時要駁斥或者推翻我們的證據。如果能夠做到這樣，也許可以養成我開始所講的那個態度，就是要嚴格的不信任一切沒有充分證據的東西。這就是我的提議。

最後，我要簡單說一句話：要時時刻刻自己檢討自己，以養成做學問的良好習慣。臺大的錢校長和許多研究自然科學、歷史科學的人可以替我證明：科學方法論的歸納法、演繹法，教你如何歸納、如何演繹，並不是養成實驗室的態度。實驗室的態度，是天天在那裡嚴格的自己檢討自己，創造證據來檢討自己；在某種環境之下，逼得你不能不養成某種好習慣。

剛才我說的英國大科學家洛奇先生，在實驗室是嚴格的，出了實驗室就不嚴格了。大科學家尚且如此！所以我們要注意，時時刻刻保持這種良好的習慣。

科學方法是怎麼得來的呢？一個人有好的天資、好的家庭、好的學校、好的先生，在極好的環境當中，就可以養成了某種好的治學的習慣，也可以說是養成了好的做人的習慣。

比方明朝萬曆年間福建陳第先生，用科學方法研究中國的古音，證明衣服的「服」字古音讀「逼」。他從古書裡面，舉出二十個證據來證明。過了幾十年，江蘇崑山的一個大思想家，也是大考據家，顧亭林先生，也作同樣的考證；他舉出一六二個證據來證明「服」字古音「逼」。那個時候，並沒有歸納法、演繹法，但是他們從小養成了某種做學問的好習慣。所以，我們要養成方法的自覺，最好是如臨師保，如臨父母，假設對方有律師在打擊我，否認我所提出的一切證據。這樣就能養成良好的習慣。

宋人筆記中記一個少年的進士問同鄉老前輩：「做官有什麼祕訣？」那個老前輩是個參政（副宰相），約略等於現在行政院的副院長，回答道：「做官要勤、謹、和、緩。」後人稱為「做官四字訣」。我在小孩子的時候，就聽到這個故事；當時沒有注意。從前我們講治學方法，講歸納法、演繹法；後來年紀老一點了，才曉得做學問有成績沒有，並不在於讀了「邏輯學」沒有，而在於有沒有養成「勤、謹、和、緩」的良好習慣。這四個字不但是做官的祕訣，也是良好的治學習慣。現在我把這四個字分別說明，作為今天講演的結論。

第一，勤。勤是不躲懶、不偷懶。我上次在臺大講演，提到臺大前校長傅斯年先生兩句口號：「上窮碧落下黃泉，動手動腳找東西。」那就是勤。顧亭林先生的證明「服」字古音是「逼」，找出一六二個證據，也是勤。我花了幾年的工夫來考據《醒世姻緣》的作者；又為「審判」《水經注》的案子，上天下地去找材料。花了五年多的工夫：這都是不敢躲懶的意思。

第二，謹。謹是不苟且、不潦草、不拆爛汙。謹也可以說是恭敬的「敬」。孔夫子說「執事敬」，就是教人做一件事要鄭重的去做，不可以苟且。他又說「出門如見大賓，使民如承大祭。」都是敬事的意思。一點一滴都不苟且，一字一筆都不放過，就是謹。謹，就是「小心求證」的「小心」兩個字。

剛才我引了赫胥黎的兩句話：「人生最神聖的一件舉動，就是口裡說出和心裡覺得『我相信某件事物是真的』。」判斷某人做賊，某人賣國，要以神聖的態度作出來；嘴裡說句話，心裡覺得「相信是真的」。這真是要用孔夫子所謂「如見大賓，如承大祭」的態度的。所以，謹就是把事情看得嚴重、神聖；就是謹慎。

第三，和。和是虛心、不武斷、不固執成見、不動火氣。做考據，尤其是用證據來判斷古今事實的真偽、有無、是非，不能動火氣。不但不正當的火氣不能動，就是正義的火氣也動不得。做學問要和平、虛心，動了肝火，是非就看不清楚。赫胥黎說：「科學好像教訓我們：你最好站在事實的面前，像一個小孩子一樣；要願意拋棄一切先入的成見，要謙虛的跟著事實走，不管它帶你到什麼危險的境地去。」這就是和。

第四，緩。宋人筆記：「當那位參政提出『緩』字的時候，那些性急的人就抗議說緩要不得；不能緩。」緩，是很要緊的。就是叫你不著急，不要輕易發表，不要輕易下結論；就是說「涼涼去吧！擱一擱、歇一歇吧！」凡是證據不充分或不滿意的時候，姑且懸而不斷；懸一年兩年都可以。懸並不是不管，而是去找新材料。等找到更好的證據的時候，再來審判這個案子。這是最重要的一點。許多問題，在證據不充分的時候，絕對不可以下判斷。達爾文有了生物進化的假設以後，蒐集證據，反覆實驗，花了二十年的工夫，還以為自己的結論沒有到了完善的地步，而不肯發表。他同朋友通信，曾討論到生物的演化是從微細的變異積聚起來的，但是總不肯正式發表。後來到了一八五八年，另外一位科學家華立氏（wallace）a也得到了同樣的結論，寫了一篇文章寄給達爾文；要達爾文代為提出。達爾文不願自己搶先發表而減低華立氏發現的功績，遂把全盤事情交兩位朋友處理。後來這兩位朋友決定，把華立氏的文章以及達爾文在一八五七年寫給朋友的信和在一八四四年所作理論的撮要同時於一八五八年七月一日發表。達爾文這樣的謙讓，固然是盛德，但最重要的是他給了我們一個「緩」的例子。他的生物進化論，因為自己覺得證據還沒有十分充足，從開始想到以後，經過二十年還不肯發表：這就是緩。我以為緩字很重要。如果不能緩，也就不肯謹，不肯勤，不肯和了。

我今天講的都是平淡無奇的話。最重要的意思是：做學問要能夠養成「勤、謹、和、緩」的好習慣；有了好習慣，當然就有好的方法，好的結果。

第三講方法與材料

在三百多年以前，英國有一位哲學家叫做培根（francis bacon）。他可以說是鼓吹方法論革命的人。他有一個很有趣的譬喻；他將做學問的人運用材料比做三種動物。第一種人好比蜘蛛。他的材料不是從外面找來，而是從肚裡面吐出來的。他用他自己無窮無盡的絲做成很多很好看的蜘蛛網。這種人叫做蜘蛛式的做學問的人。第二種人好比螞蟻。他也找材料，但是找到了材料不會用，而堆積起來；好比螞蟻遇到什麼東西就背回洞裡藏起來過冬，但是他不能夠自己用這種材料做一番製造的工夫。這種做學問的人叫做螞蟻式的學問家。第三種人可寶貴了。他們好比蜜蜂。蜜蜂飛出去到有花的地方，採取百花的精華；采了回來，自己又加上一番製造的工夫，成了蜜糖。培根說，這是做學問人的最好的模範——

蜜蜂式的學問家。我覺得這個意思，很可以作為我今天講「方法與材料」的說明。

在民國十七年（西曆1928年），臺大前任校長傅斯年先生跟我兩個人在同一年差不多同時發表了兩篇文章。他那時候並沒有看見我的文章，我也沒有看見他的文章。事後大家看見了，都很感興趣，因為都是同樣的注重在方法與材料的關係。傅先生那篇文章題目是《中央研究院歷史語言研究所工作旨趣》。我那篇文章題目是《治學的方法與材料》。都是特別提倡擴大研究的材料的範圍，尋求書本以外的新材料的。

民國十五年，我第一次到歐洲，是為了去參加英國對庚子賠款問題的一個會議。不過那時候我還有一個副作用（我自己認為是主要的作用），就是我要去看看倫敦、巴黎兩處所藏的史坦因（stein）、伯希和（pelliot）兩位先生在中國甘肅省敦煌所偷去的敦煌石室材料。諸位想都聽見過敦煌材料的故事；那是最近五十多年來新材料發現的一個大的來源。

在敦煌有一個地方叫千佛洞，是許多山洞。在這些山洞裡面造成了許多廟，可以說是中古時期的廟。其中有一個廟裡面有一個藏書樓——書庫，原來是藏佛經的書庫，就是後來報上常提起的「敦煌石室」。在這個書庫裡面藏有許多卷子——從前沒有現在這樣的書冊，所有的書都是卷子。每一軸卷子都是把許多張紙用一種很妙的黏法連起來的。很妙的黏法！經過一千多年都不脫節，不腐蝕。這裡面大概有一萬多卷中國中古時代所寫的卷子。有許多卷子曾由當時抄寫的人寫下了年月。照所記的年代看起來，早晚相去約為六百年的長時期。我們可以說石室裡面所藏的都是由五世紀初到十一世紀時的寶貝。這裡面除了中國文字的經以外，還有一些少數的外國文字的材料。敦煌是在沙漠地帶，從前叫做沙洲，地方乾燥，所以紙寫的材料在書庫裡面經過了一千多年沒損壞。但是怎樣能保存這麼久沒有被人偷去搶去呢？大概到了十一世紀的時候，敦煌有一個變亂，敦煌千佛洞的和尚都逃了。在逃走之前，把石室書庫外面的門封起來，並且在上面畫了一層壁畫，所以不留心的人不知道壁畫裡面是門，門裡面有書庫，書庫裡面有一萬多卷的寶貝。變亂經過很長的時期。平靜了以後，千佛洞的和尚死的死了，老的老了，把書庫這件事也忘了。這樣便經過一個從十一世紀到十九世紀末年的長時期。到清末光緒庚子年，那時候中國的佛教已經衰敗，敦煌千佛洞裡面和尚沒有了，住上了一個老道，叫王老道。有一天他要重整廟宇，到處打掃打掃；掃到石室前面，看到壁畫後面好像有一個門；他就把門敲開，發現裡面是一大堆佛經。這一個王老道是沒有知識的，發現了這一大堆佛經後，就告訴人說那是可以治病的。頭痛的病人向他求醫，他就把佛經撕下一些來燒了灰，給病人吞下，說是可以治頭痛。王老道因此倒發了一筆小財。到了西曆一九〇七年，英國探險家史坦因在印度組織了一個中亞細亞探險隊，路過甘肅，聽到了古經治病的傳說，他就跑到千佛洞與王老道嘀咕嘀咕勾搭上了。只花了七十兩銀子，向王老道裝了一大車的寶貝材料回到英國去。這一部分在英國倫敦大英博物館內存著。史坦因不懂得中國文字，所以他沒有挑選，只裝了一大車走了。到了第二年——西曆一九〇八年——法國漢學家，一個了不得的東方學家，伯希和，他聽說這回事，就到了中國，跑到王老道那裡，也和王老道嘀咕嘀咕，沒有記載說他花了多少錢，不過王老道很佩服他能夠看得懂佛經上的中外文字，於是就讓他拿。但是伯希和算盤很精，他要挑選；王老道就讓他挑。所以他搬去的東西雖然少一點，但是還是最精粹的。伯希和挑了一些有年月材料以及一些外文的材料，和許多不認識的梵文的經典，後來就從這些東西里面發現很重要的中文以外的中亞細亞的文字。這一部分東西，現藏在法國國家圖書館。這是第二部分。伯希和很天真，他從甘肅路過北京時，把在敦煌所得材料，向中國學者請教。中國的學者知道這件事，就報告政府。那時候的學部——教育部的前身——，並沒有禁止，任伯希和把他所得材料運往法國了。只是打電報給甘肅，叫他們把所有石室裡剩餘的經卷都運到北京。那些卷子有的長達幾丈，有的又很短。到這時候，大家都知道石室的古經是寶貝了。於是在路上以及起裝之前，或起裝當中，大家偷的偷，夾帶的夾帶。有時候點過了多少件，就有人將長的剪開湊數。於是這些寶貝又短了不少。運到北京後，先藏在京師圖書館。後來改藏在北平圖書館。這是第三部分。第四部分就是散在民間的。有的藏在中國學者手裡，有的在中國的各處圖書館中，有的在私人收藏家手中，有的流落到日本人手中。這是第四部分。在一萬多卷古經卷裡面，只有一本是刻本的書，是一本《金剛經》，是在第一批被史坦因運到英國去了。那上面注有年代，是唐懿宗年間（西曆 868 年）。這是世界上最早的有日子可以確定的刻本書。此外都是卷子，大概在倫敦有五千多卷，在巴黎有三千多卷，在北平的有六千多卷，散在中國與日本民間收藏家手中的不到一百卷。

那時候（民國十五年）我正在研究中國佛教史——中國哲學史、中國思想史的一部分。我研究到唐朝禪宗的時候，想寫一部禪宗史。動手寫不到一些時候，就感覺到這部書寫不下去，就是因為材料的問題。那個時候我覺得我在中國所能夠找到的材料，尤其是在十一世紀以後的，都是經過宋人篡改過的。在十一世紀以前，十世紀末葉的《宋高僧傳》裡面，偶然有幾句話提到那個時代唐朝禪宗開始的幾個大師的歷史，後來的歷史有不同的地方。這個材料所記載的禪宗歷史中，有一個最重要的和尚叫做神會。照我那時候所找到的材料的記載，這個神會和尚特別重要。

禪宗的歷史是怎麼樣起來的呢？唐朝初年，在廣東的韶州（現在的韶關），有一個不識字的和尚名叫慧能。這個和尚在南方提倡一種新的佛教教義，但是因為這個和尚不大認識字，他也沒有到外邊去傳教，就死在韶州，所以還是一個地方性的新的佛教運動。但是慧能有一個徒弟，就是上面所講的那個神會和尚。神會在他死後，就從廣東出發北伐——新佛教運動的北伐，一直跑到河南的滑臺。他在滑臺大雲寺的大庭廣眾中，指責當時在長安京城裡面受帝王崇拜的幾個大師都是假的。他說：「他們代表一種假的宗派。只有我那個老師，在廣東韶州的不認字的老師慧能，才是真正得到嫡派密傳的。」慧能是一個獠——南方的一個民族。他說：「從前印度的達摩到中國來，他開了一個新的宗派，有一件袈裟以為法信。這件袈裟自第一祖達摩傳給第二祖，第二祖傳給第三祖，第三祖傳給第四祖，第四祖傳給第五祖，都以袈裟為證。到了第五祖，宗派展開了，徒弟也多了，我的老師，那個不認識字的獠和尚，本是在第五祖的廚房裡舂米的，但是第五祖覺得他懂得教義了，所以在半夜裡把慧能叫去，把法的祕密傳給他，同時把傳法的袈裟給他作為記號。後來他就偷偷出去到南方傳佈教義。所以我的老師才是真正嫡派的佛教的領袖第六祖。他已經死了。我知道他半夜三更接受袈裟的故事。現在的所謂『兩京法祖三帝國師』（兩京就是東京洛陽，西京長安；三帝就是武則天和中宗、睿宗），在朝廷受崇拜的那些和尚，都是假的。他們沒有得到袈裟，沒有得到祕密；都是冒牌的宗派。」神會這種講演，很富有神祕性；聽的人很多。起初在滑臺；後來有他有勢力的朋友把他弄到東京洛陽。他還是指當時皇帝所崇拜的和尚是假的，是冒牌的。因為他說話時，年紀也大了，口才又好，去聽的人比今天還多。但是皇帝崇拜的那些和尚生氣了，又因為神會說的故事的確動人，也感覺到可怕，於是就說這個和尚妖言惑眾，謀為不軌，奏準皇帝，把神會流放充軍。從東京洛陽一直流放到湖北。三年當中，換了三處地方，過著被貶逐的生活。但是在第三年的時候，安祿山造反，把兩京都拿下了；唐明皇跑到四川。這時候由皇帝的一個太子在陝西、甘肅的邊界靈武，組織一個臨時政府，指揮軍隊，準備平定亂事。那時最重要的一件事，就是籌款解決財政問題。有這麼多的軍隊，而兩京又都失陷，到哪裡去籌款呢？於是那時候的財政部長就想出一個方法，發鈔票——這個鈔票，不是現在我們用的這種鈔票，而是和尚、尼姑必須取得的度牒。——《水滸傳》中，魯智深殺了人，逃到趙員外家裡；趙員外就為他買了度牒，讓他做和尚。也就是這種度牒。——但是這個度牒，一定要有人宣傳，才可以傾銷。必須舉行一個會，由很能感動人的和尚去說法，感動了許多有錢的人，這種新公債才有銷路。就在那時候，被放逐三年的神會和尚跑了回來；而那些曾受皇帝崇拜的和尚們都已跑走，投降了，靠攏了。神會和尚以八十歲的高齡回來，說：「我來為國報效，替政府推銷新的度牒」。據我那時候找到的材料的記載，這個神會和尚講道的時候，有錢的人紛紛出錢，許多女人們甚至把耳環戒指都拿下來丟給他；沒有錢的就願意做和尚、做尼姑。於是這個推銷政府新證券的辦法大為成功。對於郭子儀、李光弼收復兩京的軍事，神會和尚籌款的力量是一個大幫助。當初被政府放逐的人，現在變成了擁護政府幫忙立功的大和尚。禍亂平定以後，皇帝就把他請到宮裡去，叫工部趕快給神會和尚建造禪寺。神會死時，已九十多歲；替政府宣傳時，已將近九十歲了。神會和尚不但代表新佛教北伐，做了北伐總司令，而且做了政府裡面的公債推銷委員會的主席。他功成身死以後，當時的皇帝就承認他為禪宗第七祖。當然他的老師那個南方不認識字的獠和尚是第六祖了。那時候我得到的材料是如此。

神會雖然有這一段奮鬥的歷史，但在過了一二百年以後，他這一派並沒有多少人。別的冒牌的人又都起來，個個都說是慧能的嫡派。神會的真真嫡派，在歷史上沒有材料了。所以當我在民國十五年到歐洲去的時候的副作用，就是要去找沒有經過北宋人塗改過的真正的佛教史料。因為我過去蒐集這些材料時，就知道有一部分材料在日本，另一部分也許還在敦煌石室裡面保存。為什麼呢？方才講過，敦煌的卷子，是從五世紀造成十一世紀的東西。這六百多年恰巧包括我要找的時期，且在北宋人塗改史料以前；而石室裡的材料，又差不多百分之九十九點九都是佛教材料。所以我要到倫敦、巴黎去，要找新的關於佛教的史料，要找神會和尚有沒有留了什麼東西在敦煌石室書庫裡面。這就是我方才說的副作用。到了英國，先看看大英博物院，頭一天一進門就看見一個正在展覽的長卷子，就是我要找的有關材料。後來又繼續找了不少。我到法國的時候，傅斯年先生聽說我在巴黎，也從德國柏林趕來。我們兩個人同住一個地方，白天在巴黎的國家圖書館看敦煌的卷子，晚上到中國館子吃飯，夜間每每談到一兩點鐘。現在回憶起當時一段生活，實在是很值得紀念的。在巴黎國家圖書館不到三天，就看見一段沒有標題的卷子。我一看，知道我要的材料找到了；那就是神會的語錄，他所說的話和所做的事。卷子裡面常提到「會」；雖然那還是沒有人知道過，我一看就知道是神會，我走了一萬多里路，從西伯利亞到歐洲，要找禪宗的材料；到巴黎不到三天就找到了。過了幾天，又發現較短的卷子，毫無疑義的又是與神會有關的。後來我回到英國，住了較長的時期，又發現一個與神會有關的卷子。此外還有與那時候的禪宗有關係的許多材料。我都照了相帶回國來。四年之後，我在上海把它整理出版，題為《神會和尚遺集》。我又為神會和尚寫了一萬多字的傳記。這就是中國禪宗北伐的領袖神會和尚的了不得的材料。我在巴黎發現這些材料的時候，傅先生很高興。

我所以舉上面這個例子，目的是在說明材料的重要。以後我還要講一點同類的故事——加添新材料的故事。我們用敦煌石室的史料來重新撰寫了禪宗的歷史，可以說是考據禪宗最重要的一段。這也是世界所公認的。現在有法國的哲學家把我發現後印出來的書全部譯成法文，又拿巴黎的原本與我編的校看一次。美國也有人專研究這一題目，並且也預備把這些材料譯成英文。因為這些材料至少在中國佛教歷史上是新的材料，可以糾正過去的錯誤，而使研究中國佛教史的人得一個新的認識。

就在那一年冬天，傅孟真先生從德國回到中國；回國不久，就往廣東擔任中山大學文學院院長，並辦了一個小規模的歷史語言研究所。後來又應蔡子民先生之邀，擔任中央研究院歷史語言研究所所長。不久，在《歷史語言研究集刊》第一本發表了一篇文章，題目叫做《歷史語言研究所工作旨趣》。因為我們平常都是找材料的人，所以他那篇文章特別注重材料的重要。這裡面有幾點是在他死後他的朋友們所常常引用的。他講到中國三百多年的歷史學、語言學的考據，與古韻古音的考據，從顧亭林、閻百詩這兩個開山大師起，一直到十九世紀末年，二十世紀初年。在這三百多年當中，既然已經有人替我們開了一個新紀元，為什麼到現在還這樣倒楣呢？傅先生對於這個問題，提出了三個最精闢的解答：

一、凡是能直接研究材料的就進步；凡是不能直接研究材料，只能間接研究材料的，或是研究前人所研究的材料或只能研究前人所創造的材料系統的就退步。

二、凡一種學問能夠擴充或擴張他的研究材料的便進步；凡不能擴張他的材料的便退步。

三、凡一種學問能夠擴充他作研究時所應用的工具的便進步；凡不能擴充他研究時應用的工具的便退步（在這裡，工具也視為材料的一種）。

所以傅先生在他這篇文章中的結論，認為中國歷史學、語言學之所以能夠在當年有光榮的歷史，正是因為當時的顧亭林、閻百詩等大師能夠開拓的用材料。後來所以衰歇倒楣，也正是因為題目固定了，材料不大擴充了，工具也不添新的了，所以倒楣下去。傅先生在那篇文章裡為中央研究院歷史語言研究所提出了三條工作旨趣：

一、保持顧亭林、閻百詩的遺訓。要運用舊的新的材料，客觀的處理實在的問題。因為解決問題而更發生新問題，因為新問題的解決更要求更多的材料。用材料來解決問題，運用舊的新的材料，客觀地處理實在的問題，要保持顧亭林、閻百詩等在三百多年前的開拓精神。

二、始終就是擴張研究的材料，充分的擴張研究的材料。

三、擴充研究用的工具。

以上是傅先生在民國十七年——北伐還沒有完成，北伐軍事還沒有結束的時候——就已經提出的意見。他在這篇文章裡面還發表了一個很偉大的夢想。他說我們最注意的是求新的材料。所以他計劃要大規模的發掘新材料：

第一步，想沿京漢路，從安陽到易州這一帶去發掘。

第二步，從洛陽一帶去發掘；最後再看情形一步一步往西走，一直走到中亞西亞去。

在傅先生那一篇並不很長的「工作旨趣」裡面，在北伐軍革命事還沒有完成的時候，他已經在那裡做這樣一個擴大材料的夢想。而在最近這二十年來，中央研究院在全國學術機關內，可以說充分做到了他所提出的三大旨趣。我雖是中央研究院的一分子，卻並不是在這裡做廣告。我們的確可以說，他那時所提出的工作旨趣，不但是全國，亦是全世界的學術界所應當驚異的。

我在民國十七年發表的一篇文章，題目是《方法與材料》，已收在《文存》第三集內，後來又收在《胡適文選》裡面。我不必詳細的講它了。大意是說：材料可以幫助方法；材料的不夠，可以限制做學問的方法；而且材料的不同，又可以使做學問的結果與成績不同。在那篇文章裡面，有一個比較表，拿西曆一六〇〇年到一六七五年，七十五年間的這一段歷史，與東方的那段七十多年間的歷史相比較，指出中國和西方學者做學問的工作，因為所用材料的不同，成績也有絕大的不同。那時正是傅先生所謂顧亭林、閻百詩時代；在中國那時候做學問也走上了一條新的路，走上了科學方法的路。方法也嚴密了；站在證據上求證明。像昨天所說的顧亭林要證明衣服的「服」字古音讀作「逼」，找了一百六十個證據。閻百詩為《書經》這部中國重要的經典，花了三十年的工夫，證明《書經》中所謂古文的那些篇都是假的。差不多偽古文裡面的每一句，他都找出它的來歷。這種科學的求證據的方法，就是「大膽的假設，小心的求證」的方法。這種方法與西洋的科學方法，是同樣的了不得的。

但是在同一個時期，一六〇〇—一六七五年這一段時期，——西洋做學問的人是怎麼樣呢？在十六世紀初年，荷蘭有三個磨玻璃的工匠，他們玩弄磨好的鏡子，把兩片鏡片疊起來，無意中發明瞭望遠鏡。這個消息傳出去以後，義大利的一位了不得的科學家伽利略(galileo)，a便利用這一個原理，自出心裁的製造成一個當時歐洲最完美的最好的望遠鏡。從這個望遠鏡中發現了天空中許多新的東西。同時在北方的天文學家，開普勒（ke-pler）正在研究五大行星的運行軌道。他對於五大行星當中火星的軌道，老是計算不出來，但是收集了很多材料。後來開普勒就假設說，火星軌道不是平常的圓形的而是橢圓形的；不但有一個中心而且有兩個中心。這真是大膽的假設；後來證實這個假設是對的，成為著名的火星定律。當時開普勒在北方，伽利略在南方，開了一個新的天文學的紀元。伽利略死了二三十年以後，荷蘭有一位磨鏡工匠叫做李文厚（leeuwenhoek）。他用簡單的顯微鏡來看毛細管中血液的運行和筋腱的纖維。他看見了血球、精蟲，以及細菌（1675 年），並且繪了下來。我們可以說，微菌學是萌芽於西曆一六七五年的。伽利略並且在物理學上開了新的紀元，規定了力學的幾個基本原理。

就在伽利略去世的那一年（西曆1642），一位絕大的天才科學家——牛頓（newton）——在英國出世。他把刻伯勒與伽利略等人的發現，總結起來，做一個更大膽的假設，可以說是世界上有歷史以來最大膽的二、三個假設中的一個，就是所謂萬有引力的定律。整個宇宙所有這些大的星，小的星，以及圍繞著太陽的各行星（包括地球），所以能夠在空中，各循著一定的軌道運行，是什麼原因呢？就是因為有萬有引力的緣故。在這七十五年中，英國還有兩位科學家我們必須提到的。一位是發明血液循環的哈維（harvey），他的劃時代的小書是一六二八年出版的。一位是了不得的化學家波耳（boyle），a 他的在思想史上有名的著作《懷疑的化學家》是一六六一年出版的。

西方學者的學問工作，由望遠鏡、顯微鏡的發明，產生了力學定律、化學定律，出了許多新的天文學家、物理學家、化學家、生理學家。新的宇宙出現了。但是我們中國在這個時代，在學者顧亭林、閻百詩的領導下做了些什麼呢？我們的材料是書本。顧亭林研究古韻，他的確是用新的方法，不過他所用的材料也還是書本。閻百詩研究古文《尚書》，也講一點道理，有時候也出去看看，但是大部分的材料都是書本。這三百多年來研究語言學、文字學所用的材料都是書本。可是西方同他們同時代的人，像開普勒、伽利略、牛頓、哈維、波耳，他們研究學問所用的材料就不僅是書本；他們用作研究材料是自然界的東西。從前人所看不清楚的天河，他們能看清楚了；所看不見的衛星，他們能看見了；所看不出來的纖維組織，他們能看出來了。結果，他們奠定了三百年來新的科學的基礎，給人類開闢了一個新的科學的世界。而我們這三百多年來在學問上，雖然有了了不起的學者顧亭林、閻百詩做引導，雖然可以說也有「大膽的假設，小心的求證」的方法，但是因為材料的不同，弄來弄去離不開書本，結果只有兩部《皇清經解》做我們三百年來治學的成績。這個成績跟三百年來西方科學的成績比起來，相差真不可以道裡計。而這相差的原因，正可以說明傅先生的話：凡是能夠擴充材料，用新材料的就進步；凡是不能擴充新的材料，只能研究舊的，間接的材料的就退步。我在那篇文章裡面有一張表，可以使我們從這七十五年很短的時間中，看出材料不但是可以限制了方法的使用，而且可以規定了研究的成績如何。所以我那篇文章後而也有一個和傅先生相類似的意見，就是說：做紙上的考證學，也得要跳過紙上的材料——老的材料，去找新的材料，才可以創造出有價值的成績。

我那篇文章雖然沒有他那一種遠大的大規模的計劃，但是也可以作為他那篇歷史上很重要的宣言的小小註腳。我們的結論都是一樣的；所不同的地方是我始終沒有他那樣大規模的夢想：做學問的團體研究，集團研究（corporate research）。培根在三百多年前曾有過這種夢想——找許多人來分工合作，大規模的發現新的真理，新的意思，新的原則，新的原理；在西洋各國已經逐漸實現了。中國方面，丁文江先生在北平創立了中國地質調查所，可以說是在北方的一個最重要學術研究團體，為團體研究，以收集新材料開闢了一個新的領土。在民國十七年，中央研究院成立，尤其是歷史語言研究所的成立，在中國的語言學、歷史學、考古學、人類學各方面，充分的使用了傅先生的遠大的見識，蒐羅了全國第一流的研究人才、專家學者，實地去調查、去發掘。例如，安陽的十五次發掘，及其他八省五十五處的發掘，和全國各地語言語音的調查：這些工作，都是為擴充新的材料。除了地質調查所以外，歷史語言研究所可以說是我們規模最大成績最好的學術研究團體。我們也可以說，中國文史的學問，到了歷史語言研究所成立以後才走上了完全現代化完全科學化的大路，這是培根在三百年前所夢想的團體研究的一個大成績。

不論團體研究也好，個人研究也好，做研究要得到好的成績，不外上面所說的三個條件：一、直接的研究材料；二、能夠隨時隨地擴張材料；三、能夠擴充研究時所用的工具。這是從事研究學問而具有成績的人所通有的經驗。

我在開始講「治學方法」第一講的時候，因為在一廣場中，到的人數很多，沒有黑板，沒有粉筆，所以只能講一些淺顯的小說考證材料。有些人認為我所舉的例太不重要了。不過今天我還要和諸位說一說，我用來考證小說的方法，我覺得還算是經過改善的，是一種「大膽的假設，小心的求證」的方法。我可以引為自慰的，就是我做二十多年的小說考證，也替中國文學史家與研究中國文學史的人擴充了無數的新材料。只拿找材料做標準來批評，我二十幾年來以科學的方法考證舊小說，也替中國文學史上擴充了無數的新證據。

我的第一個考證是《水滸傳》。大家都知道《水滸傳》是七十一回，從張天師開始到盧俊義做夢為止。但是我研究中國小說，覺得可以分為兩大類。像《紅樓夢》與《儒林外史》是第一類，是創造的小說。另一類是演變的小說，從小的故事慢慢經過很長時期演變擴大成為整部小說：像《水滸傳》、《西遊記》、《隋唐演義》、《封神榜》等這一類故事都是。在我研究《水滸傳》，發現是從《宣和遺事》這一本很小的小說經過很長的時期演變而來。在演變當中，《水滸傳》不但有七十一回的，還有一百回的、一百二十回的。我的推想是：到了金聖嘆的時候，他以文學的眼光，認為這是太長了；他是一個劊子手，又有文學的天才，就拿起刀來把後面的割掉了，還造出了一個說法，說他得到了一個古本，是七十一回的。他並且說《水滸傳》是一部了不得的書，天下的文章沒有比《水滸》更好的。這是文學的革命，思想的革命；是文學史上大革命的宣言。他把《水滸》批得很好，又做了一篇假的序，因此，金聖嘆的《水滸》，打倒一切的《水滸》。我這個說法，那時候大家都不肯相信。後來我將我的見解，寫成文章發表。發表以後，在日本方面做學問的朋友告訴我說：日本有一百回、一百二十回本的《水滸傳》。後來我在無意中又找到了一百十五回本、一百二十四回本和一百十九回本。臺大的李玄伯先生也找到一百回本。因為我的研究《水滸傳》，總想得到新的材料，所以社會上注意到了，於是材料都出來了。這就是一種新材料的發現，也就是二十多年來因我的提倡考證而發現的新材料。

關於《紅樓夢》，也有同樣情形。因為我提倡用新的觀點考證《紅樓夢》，結果我發現了兩種活字版本，是乾隆五十六年和五十七年的一百二十回本。有人以為這個一百二十回本是最古的版本，但也有人說《紅樓夢》最初只有八十回，後面的四十回是一個叫做高鶚的人加上去的。他也編造了一個故事說：是從賣糖的擔子中發現了古本。我因為對於這個解釋不能滿意，總想找新的材料證明是非，結果我發現了兩部沒有排印以前的抄本，就是現在印行出來的八十回本。

因為考證《紅樓夢》的關係，許多人家所不知道的抄本出現了。此外，還有許多關於曹雪芹一家的傳記材料。最後又發現脂硯齋的評本《紅樓夢》，雖然不完全，但的確是最早的本子——就是現在我自己研究中的一本。後來故宮博物院開放了，在康熙皇帝的一個抽屜裡發現曹雪芹的祖父曹寅的一大批祕密奏摺。這個奏摺說明當時曹家地位的重要。曹雪芹的曾祖、祖父、父親、叔父三代四個人繼續不斷在南京做江寧織造五十年，並且兼兩淮鹽運使。這是當時最肥的缺。為什麼皇帝把這個全國最肥的缺給他呢？因為他是皇帝的間諜，是政治特務；他替皇帝偵查江南地方的大臣，監視他們回家以後做些什麼事，並且把告老回家的宰相的生活情形，隨時報告皇帝。一個兩江總督或江蘇巡撫晉京朝聖，起程的頭一天，江蘇下雪或下雨，他把這個天氣的情形用最快的方法傳達給皇帝。等到那個總督或巡撫到京朝見時，皇帝就問他「你起程的頭一天江蘇是下雪嗎？」這個總督或巡撫聽到皇帝的這個問話，當然知道皇帝對於各地方的情形是很清楚的。因此就愈加謹慎做事了。

我所以舉《紅樓夢》的研究為例，是說明如果沒有這些新的材料，我們的考證就沒有成績。我研究這部書，因為所用的方法比較謹嚴，比較肯去上天下地動手動腳找材料，所以找到一個最早的「脂硯齋抄本」——曹雪芹自己批的本子——，和一個完全的八十回的抄本，以及無疑的最早的印本——活字本——，再加上曹家幾代的傳記材料。因為有這些新材料，所以我們的研究才能有點成績。但是亦因為研究，我們得以擴張材料：這一點是我們可以安慰自己的。

此外如《儒林外史》，是中國的第一部小說。這本書是一個很有思想的吳敬梓做的。當我在研究時，還不知道作者吳敬梓是安徽全椒人。我為了考證他的人，要搜求關於他的材料。不到幾個月的工夫，就找到了吳敬梓詩文集全集，後面還附有他兒子的詩。這厚厚的一本書，在書店中別人都不要的，我花一塊半錢就買到了。這當是一個海內孤本（我恐怕它失傳，所以重印了幾千冊）。就拿這種考證來講，方法與材料的關係是很重要的。如果沒有材料，就沒有法子研究；而因為考證時能夠搜求材料，又可以增加了許多新材料。

我再用佛教史的研究說明擴張材料。我那年在英國大英博物院看敦煌卷子的時候，該院一位管理人告訴我說：有一位日本學者矢吹慶輝剛剛照了許多卷子的影片帶回去。後來矢吹慶輝做了一本書叫《三階教》。這是隋唐之間佛教的一個新的研究；用的材料，一部分是敦煌的卷子，一部分是日本從唐朝得來的材料。

我搜求神會和尚的材料，在巴黎發現敦煌所藏的兩個卷子。我把它印出來以後，不到三年，日本有位石井實先生，買到了一個不很長的敦煌的卷子，也是與神會和尚有關的材料。這個卷子和我所發現的材料比較起來，他的前面一段比我發現的少，後面一段比我發現的多。這個卷子，他也印出來了。另外一位日本學者鈴木，也有一卷關於神會的卷子；這和我所發現的是一個東西，但是抄寫的不同，有多有少，可以互相補充。因為考證佛教史中禪宗這個小小的問題，增添了上面所說的許多材料。

日本的矢吹先生在倫敦博物院把敦煌所藏的卷子照了許多影片帶回日本以後，日本學者在這些照片裡面發現了一件寶貝，就是上面講到的，南方韶州地方不認識字的和尚，禪宗第六祖慧能的語錄——《壇經》。這是從來沒有的孤本，世界上最寶貴的本子。這本《壇經》只有一萬一千言；在現在世界上流行的本子有二萬二千言。這本《壇經》的出現，證明現在流行的《壇經》有百分之五十是後來的一千多年中和尚們你增一條，我添一章的加進去的，是假的。這也是佛教史上一個重要的發現。總之，因為我考證中國佛教新的宗派在八世紀時變成中國正統的禪宗的歷史，我就發現了許多新的材料。

最後我感謝臺灣大學給我這個機會——講學。我很慚愧，因為沒有充分準備。我最後一句話，還是我開頭所說的「大膽的假設，小心的求證」。在求證當中，自己應當自覺的批評自己的材料。材料不滿意，再找新證據。這樣，才能有新的材料發現；有新材料才可以使你研究有成績、有結果、有進步。所以我還是要提一提臺大前任校長傅先生的口號：「上窮碧落下黃泉，動手動腳找東西」。

治學的方法與材料

科學的方法，說來其實很簡單，只不過「尊重事實，尊重證據。」同樣的材料，無方法便沒有成績，有方法便有成績，好方法便有好成績。

現在有許多人說：治學問全靠有方法；方法最重要，材料卻不很重要。有了精密的方法，什麼材料都可以有好成績。糞同溺可以作科學的分析，《西遊記》同《封神演義》可以作科學的研究。

這話固然不錯。同樣的材料，無方法便沒有成績，有方法便有成績，好方法便有好成績。例如我家裡的電話壞了，我箱子裡儘管有大學文憑，架子上儘管有經史百家，也只好束手無法，只好到隔壁人家去借電話，請電話公司派匠人來修理。匠人來了，他並沒有高深學問，從沒有夢見大學講堂是什麼樣子。但他學了修理電話的方法，一動手便知道毛病在何處，再動手便修理好了。我們有博士頭銜的人只好站在旁邊讚歎感謝。

但我們卻不可不知道這上面的說法只有片面的真理。同樣的材料，方法不同，成績也就不同。但同樣的方法，用在不同的材料上，成績也就有絕大的不同。這個道理本很平常，但現在想做學問的青年人似乎不大瞭解這個極平常而又十分要緊的道理，所以我覺得這個問題有鄭重討論的必要。

科學的方法，說來其實很簡單，只不過「尊重事實，尊重證據」。在應用上，科學的方法只不過「大膽的假設，小心的求證」。

在歷史上，西洋這三百年的自然科學都是這種方法的成績；中國這三百年的樸學也都是這種方法的結果。顧炎武、閻若璩的方法，同葛利略（galileo）、牛敦（newton） a的方法，是一樣的。他們都能把他們的學說建築在證據之上。戴震、錢大昕的方法，同達爾文（darwin）、柏司德（pasteur）的方法，也是一樣的：他們都能大膽地假設，小心地求證（參看《胡適文存》初排本卷二，《清代學者的治學方法》，頁二〇五——二四六）。

中國這三百年的樸學成立於顧炎武同閻若璩；顧炎武的導師是陳第，閻若璩的先鋒是梅。陳第作《毛詩古音考》（1601-1606），注重證據；每個古音有「本證」，有「旁證」；本證是《毛詩》中的證據，旁證是引別種古書來證《毛詩》。如他考「服」字古音「逼」，共舉了本證十四條，旁證十條。顧炎武的《詩本音》同《唐韻正》都用同樣的方法。《詩本音》於「服」字下舉了三十二條證據，《唐韻證》於「服」字下舉了一百六十二條證據。

梅是明正德癸酉（1513）舉人，著有《古文尚書考異》，處處用證據來證明偽《古文尚書》的娘家。這個方法到了閻若璩的手裡，運用更精熟了，蒐羅也更豐富了，遂成為《尚書古文疏證》，遂定了偽古文的鐵案。有人問閻氏的考證學方法的指要，他回答道：

> 不越乎「以虛證實，以實證虛」而已。

他舉孔子適周之年作例。舊說孔子適周共有四種不同的說法：

(1)昭公七年（《水經注》）
(2)昭公二十年（《史記·孔子世家》）
(3)昭公二十四年（《史記索隱》）

(4)定公九年（《莊子》）

閻氏根據《曾子問》裡說孔子從老聃助葬恰遇日食一條，用算法推得昭公二十四年夏五月乙未朔日食，故斷定孔子適周在此年。（《尚書古文疏證》卷八，第一百二十條）

這都是很精密的科學方法。所以「亭林、百詩之風」造成了三百年的樸學。這三百年的成績有聲韻學，訓詁學，校勘學，考證學，金石學，史學，其中最精彩的部分都可以稱為「科學的」；其間幾個最有成績的人，如錢大昕、戴震、崔述、王念孫、王引之、嚴可均，都可以稱為科學的學者。我們回顧這三百年的中國學術，自然不能不對這班大師表示極大的敬意。

然而從梅的《古文尚書考異》到顧頡剛的《古史辨》，從陳第的《毛詩古音考》到章炳麟a的《文始》，方法雖是科學的，材料卻始終是文字的。科學的方法居然能使故紙堆裡大放光明，然而故紙的材料終究限死了科學的方法，故這三百年的學術也只不過文字的學術，三百年的光明也只不過故紙堆的火焰而已！

我們試回頭看看西洋學術的歷史。

當梅的《古文尚書考異》成書之日，正哥白尼（copernicus）的天文革命大著出世（1543）之時。當陳第的《毛詩古音考》成書的第三年（1608），荷蘭國裡有三個磨鏡工匠同時發明瞭望遠鏡。再過一年（1609），義大利的葛利略（galileo）也造出了一座望遠鏡，他逐漸改良，一年之中，他的鏡子便成了歐洲最精的望遠鏡。他用這鏡子發現了木星的衛星，太陽的黑子，金星的光態，月球上的山谷。

葛利略的時代，簡單的顯微鏡早已出世了。但望遠鏡發明之後，復合的顯微鏡也跟著出來。葛利略（1642）死後二三十年，荷蘭有一位磨鏡的，名叫李文厚（leeuwenhoek），天天用他自己做的顯微鏡看細微的東西。什麼東西他都拿來看看，於是他在蒸餾水裡發現了微生物，鼻涕裡和痰唾裡也發現了微生物，陰溝臭水裡也發現了微生物，微菌學從此開始了。這個時候（1675）正是顧炎武的《音學五書》成書的時候，閻若璩的《古文尚書疏證》還在著作之中。

我們看了這一段比較年表，便可以知道中國近世學術和西洋近世學術的劃分都在這幾十年中定局了。在中國方面，除了宋應星的《天工開物》一部奇書之外，都只是一些紙上的學問；從八股到古音的考證固然是一大進步，然而終究還是紙上的工夫。西洋學術在這幾十年中便已走上了自然科學的大路了。顧炎武、閻若璩規定了中國三百年的學術的局面；葛利略、解白勒、波耳、牛敦規定了西洋三百年的學術的局面。

他們的方法是相同的，不過他們的材料完全不同。顧氏、閻氏的材料全是文字的，葛利略一班人的材料全是實物的。文字的材料有限，鑽來鑽去，總不出這故紙堆的範圍；故三百年的中國學術的最大成績不過是兩大部《皇清經解》而已。實物的材料無窮，故用望遠鏡觀天象，而至今還有無窮的天體不曾窺見；用顯微鏡看微菌，而至今還有無數的微菌不曾尋出。但大行星已添了兩座，恆星之數已添到十萬萬以外了！前幾天報上說，有人正在積極實驗同火星通信了。我們已知道許多病菌，並且已知道預防的方法了。宇宙之大，三百年中已增加了幾十萬萬倍了；平均的人壽也延長了二十年了。

然而我們的學術界還在爛紙堆裡翻我們的斤鬥。

不但材料規定了學術的範圍，材料並且可以大大地影響方法的本身。文字的材料是死的，故考證學只能跟著材料走，雖然不能不搜求材料，卻不能捏造材料。從文字的校勘以至歷史的考據，都只能尊重證據，卻不能創造證據。

自然科學的材料便不限於搜求現成的材料，還可以創造新的證據。實驗的方法便是創造證據的方法。平常的水不會分解成輕氣養氣a；但我們用人工把水分解成輕氣和養氣，以證實水是輕氣和養氣合成的。這便是創造不常有的情境，這便是創造新證據。

紙上的材料只能產生考據的方法；考據的方法只是被動的運動材料。自然科學的材料卻可以產生實驗的方法；實驗便不受現成材料的拘束，可以隨意創造平常不可得見的情境，逼拶出新結果來。考證家若沒有證據，便無從做考證；史家若沒有史料，便沒有歷史。自然科學家便不然。肉眼看不見的，他可以用望遠鏡，可以用顯微鏡。生長在野外的，他可以叫他生長在花房裡；生長在夏天的，他可以叫他生在冬天。原來在人身上的，他可以移種在兔身上，狗身上。畢生難遇的，他可以叫他天天出現在眼前；太大了的，他可以縮小；整個的，他可以細細分析；複雜的，他可以化為簡單；太少了的，他可以用人工培植增加。

故材料的不同可以使方法本身發生很重要的變化。實驗的方法也只是大膽的假設，小心的求證；然而因為材料的性質，實驗的科學家便不用坐待證據的出現，也不僅僅尋求證據，他可以根據假設的理論，造出種種條件，把證據逼出來。故實驗的方法只是可以自由產生材料的考證方法。

葛利略二十多歲時，在本地的高塔上拋下幾種重量不同的物件，看他們同時落地，證明了物體下墜的速率並不依重量為比例，打倒了幾千年的謬說。這便是用實驗的方法去求證據。他又做了一塊板，長十二個愛兒（每個愛兒長約四英呎），板上挖一條闊一寸的槽。他把板的一頭墊高，用一個銅球在槽裡滾下去，他先記球滾到底的時間，次記球滾到全板四分之一的時間。他證明第一個四分之一的速度最慢，需要全板時間的一半。越滾下去，速度越大。距離的相比等於時間的平方的相比。葛利略這個試驗總做了幾百次，他試過種種不同的距離，種種不同的斜度，然後斷定物體下墜的定律。這便是創造材料，創造證據。平常我們所見物體下墜，一瞬便過了，既沒有測量的機會，更沒有比較種種距離和種種斜度的機會。葛氏的試驗便是用人力造出種種可以測量，可以比較的機會。這便是新力學的基礎。

哈維研究血的循環，也是用實驗的方法。哈維曾說：

我學解剖學同教授解剖學，都不是從書本子來的，是從實際解剖來的；不是從哲學家的學說上來的，是從自然界的條理上來的。（他的《血液運行》自序）

哈維用下等活動物來做實驗，觀察心房的跳動和血的流行。古人只解剖死動物的動脈，不知死動物的動脈管是空的。哈維試驗活動物，故能發現古人所不見的真理。他死後四年（1661），馬必吉（malpighi）用顯微鏡看見血液運行的真狀，哈維的學說遂更無可疑了。

外如佗里傑利的試驗空氣的壓力，如牛敦的試驗白光的七色，都是實驗的方法。牛敦在暗室中放進一點日光，使他透過三稜鏡，把光放射在牆上。那一圓點的白光忽然變成了五倍大的帶子，白光變成了七色：紅，橘紅，黃，綠，藍，靛青，紫。他再用一塊三稜鏡把第一塊三稜鏡的光收回去，便仍成圓點的白光。他試驗了許多回，又想出一個法子，把七色的光射在一塊板上，板上有小孔，只許一種顏色的光透過。板後面再用三稜鏡把每一色的光線透過，然後測量每一色光的曲折角度。他這樣試驗的結果始知白光是曲折力不同的七種光復合成的。他的實驗遂發明了光的性質，建立了分光學的基礎。

以上隨手舉的幾條例子，都是顧炎武、閻若璩同時人的事，已可以表見材料同方法的關係了。考證的方法好有一比，比現今的法官判案，他坐在堂上靜聽兩造的律師把證據都呈上來了，他提起筆來，宣判道：某一造的證據不充足，敗訴了；某一造的證據充足，勝訴了。他的職務只在評判現成的證據，他不能跳出現成的證據之外。實驗的方法也有一比，比那偵探小說裡的福爾摩斯訪案．他必須改裝微行，出外探險，造出種種機會來，使罪人不能不呈獻真憑實據。他可以不動筆，但他不能不動手動腳，去創造那逼出證據的境地與機會。

結果呢？我們的考證學的方法儘管精密，只因為始終不接近實物的材料，只因為始終不曾走上實驗的大路上去，所以我們的三百年最高的成績終不過幾部古書的整理，於人生有何益處？於國家的治亂安危有何裨補？雖然做學問的人不應該用太狹義的實利主義來評判學術的價值，然而學問若完全拋棄了功用的標準，便會走上很荒謬的路上去，變成枉費精力的廢物。這三百年的考證學固然有一部分可算是有價值的史料整理，但其中絕大的部分卻完全是枉費心思。如講《周易》而推翻王弼，回到漢人的「方士《易》」；講《詩經》而推翻鄭樵、朱熹，回到漢人的荒謬詩說；講《春秋》而回到兩漢陋儒的微言大義，——這都是開倒車的學術。

為什麼三百年的第一流聰明才智專心致力的結果仍不過是枉費心思的開倒車呢？只因為紙上的材料不但有限，並且在那一個「古」字底下罩著許多淺陋幼稚愚妄的胡說。鑽故紙的朋友自己沒有學問眼力，卻只想尋那「去古未遠」的東西，日日「與古為鄰」，卻不知不覺地成了與鬼為鄰，而不自知其淺陋愚妄幼稚了！

那班崇拜兩漢陋儒方士的漢學家固不足道。那班最有科學精神的大師——顧炎武、戴震、錢大昕、段玉裁、孔廣森、王念孫、王引之等——他們的科學成績也就有限的很。他們最精的是校勘訓詁兩種學問，至於他們最用心的聲韻之學簡直是沒有多大成績可說。如他們費了無數心力去證明古時有「支」、「脂」、「之」三部的區別，但他們到如今不能告訴我們這三部究竟有怎樣的分別。如顧炎武找了一百六十二條證據來證明「服」字古音「逼」，到底還不值得一個廣東鄉下人的一笑，因為顧炎武始終不知道「逼」字怎樣讀法。又如三百年的古音學不能決定古代究竟有無入聲；段玉裁說古有入聲而去聲為後起，孔廣森說入聲是江左後起之音。二百年來，這個問題似乎沒有定論。卻不知這個問題不解決，則一切古韻的分部都是將錯就錯。況且依二百年來「對轉」、「通轉」之說，幾乎古韻無一部不可通他部。如果部部本都可通，那還有什麼韻部可說！

三百年的紙上工夫，成績不過如此，豈不可嘆！紙上的材料本只適宜於校勘訓詁一類的紙上工作；稍稍踰越這個範圍，便要鬧笑話了。

西洋的學者先從自然界的實物下手，造成了科學文明，工業世界，然後用他們的餘力，回來整理文字的材料。科學方法是用慣的了。實驗的習慣也養成了。所以他們的餘力便可以有驚人的成績。在音韻學的方面，一個格林姆（grimm）a便抵得許多錢大昕、孔廣森的成績。他們研究音韻的轉變，文字的材料之外，還要實地考察各國各地的方言，和人身發音的器官。由實地的考察，歸納成種種通則，故能成為有系統的科學。近年一位瑞典學者珂羅倔倫（bernhard karlgren）a費了幾年的工夫研究《切韻》，把二百六部的古音弄的清清楚楚。林語堂先生說：

珂先生是《切韻》專家，對中國音韻學的貢獻發明，比中外過去的任何音韻學家還重要。（《語絲》第四卷第廿七期）

珂先生的成績何以能這樣大呢？他有西洋的音韻學原理作工具，又很充分地運用方言的材料，用廣東方言作底子，用日本的漢音吳音作參證，所以他幾年的成績便可以推倒顧炎武以來三百年的中國學者的紙上工夫。

我們不可以從這裡得一點教訓嗎？

紙上的學問也不是單靠紙上的材料去研究的。單有精密的方法是不夠用的。材料可以限死方法，材料也可以幫助方法。三百年的古韻學抵不得一個外國學者運用活方言的實驗。幾千年的古史傳說禁不起三兩個學者的批評指摘。然而河南發現了一地的龜甲獸骨，便可以把古代殷商民族的歷史建立在實物的基礎之上。一個瑞典學者安特森（j。g。anderson）b發現了幾處新石器，便可以把中國史前文化拉長幾千年。一個法國教士桑德華（p relicent）c發現了一些舊石器，便又可以把中國史前文化拉長幾千年。北京地質調查所的學者在北京附近的周口店發現了一個人齒，經了一個解剖學專家步達生（davidson black）a的考定，認為遠古的原人，這又可以把中國史前文化拉長幾萬年。向來學者所認為紙上的學問，如今都要跳在故紙堆外去研究了。

所以我們要希望一班有志做學問的青年人及早回頭想想。單學得一個方法是不夠的；最要緊的關頭是你用什麼材料。現在一班少年人跟著我們向故紙堆去亂鑽，這是最可悲嘆的現狀。我們希望他們及早回頭，多學一點自然科學的知識與技術：那條路是活路，這條故紙的路是死路。三百年的第一流的聰明才智消磨在這故紙堆裡，還沒有什麼好成績。我們應該換條路走走了。等你們在科學試驗室裡有了好成績，然後拿出你們的餘力，回來整理我們的國故，那時候，一拳打倒顧亭林，兩腳踢翻錢竹汀，有何難哉！

問題與主義

高談主義，不研究問題的人，只是畏難求易，只是懶。

凡是有價值的思想，都是從這個那個具體的問題下手的。

一、多研究些問題，少談些「主義」！

本報（《每週評論》）第28號裡，我曾說過：

現在輿論界大危險，就是偏向紙上的學說，不去實地考察中國今日的社會需要究竟是什麼東西。那些提倡尊孔祀天的人，固然是不懂得現時社會的需要。那些迷信軍國民主義或無政府主義的人，就可算是懂得現時社會的需要麼？

要知道輿論家的第一天職，就是細心考察社會的實在情形。一切學理，一切「主義」，都是這種考察的工具。有了學理作參考材料，便可使我們容易懂得所考察的情形，容易明白某種情形有什麼意義，應該用什麼救濟的方法。

我這種議論，有許多人一定不願意聽。但是前幾天北京《公言報》、《新民國報》、《新民報》（皆安福部的報），和日本文的《新支那報》，都極力恭維安福部首領王揖唐主張民生主義的演說，並且恭維安福部設立「民生主義的研究會」的辦法。有許多人自然嘲笑這種假充時髦的行為。但是我看了這種消息，發生一種感想。這種感想是：「安福部也來高談民生主義了，這不夠給我們這班新輿論家一個教訓嗎？」什麼教訓呢？這可分三層說：

第一，空談好聽的「主義」，是極容易的事，是阿貓阿狗都能做的事，是鸚鵡和留聲機器都能做的事。

第二，空談外來進口的「主義」，是沒有什麼用處的。一切主義都是某時某地的有心人，對於那時那地的社會需要的救濟方法。我們不去實地研究我們現在的社會需要，單會高談某某主義，好比醫生單記得許多湯頭歌訣，不去研究病人的症候，如何能有用呢？

第三，偏向紙上的「主義」，是很危險的。這種口頭禪很容易被無恥政客利用來做種種害人的事。歐洲政客和資本家利用國家主義的流毒，都是人所共知的。現在中國的政客，又要利用某種某種主義來欺人了。羅蘭夫人說，「自由自由，天下多少罪惡，都是借你的名做出的！」一切好聽的主義，都有這種危險。

這三條合起來看，可以看出「主義」的性質。凡「主義」都是應時勢而起的。某種社會，到了某時代，受了某種的影響，呈現某種不滿意的現狀。於是有一些有心人，觀察這種現象，想出某種救濟的法子。這是「主義」的原起。主義初起時，大都是一種救時的具體主張。後來這種主張傳播出去，傳播的人要圖簡便，便用一兩個字來代表這種具體的主張，所以叫他做「某某主義」。主張成了主義，便由具體的計劃，變成一個抽象的名詞。「主義」的弱點和危險，就在這裡。因為世間沒有一個抽象名詞能把某人某派的具體主張都包括在裡面。比如「社會主義」一個名詞，馬克思的社會主義，和王揖唐的社會主義不同；你的社會主義，和我的社會主義不同：絕不是這一個抽象名詞所能包括。你談你的社會主義，我談我的社會主義，王揖唐又談他的社會主義，同用一個名詞，中間也許隔開七八個世紀，也許隔開兩三萬里路，然而你和我和王揖唐都可自稱社會主義家，都可用這一個抽象名詞來騙人。這不是「主義」的大缺點和大危險嗎？

我再舉現在人人嘴裡掛著的「過激主義」做一個例：現在中國有幾個人知道這一個名詞做何意義？但是大家都痛恨痛罵「過激主義」，內務部下令嚴防「過激主義」，曹錕也行文嚴禁「過激主義」，盧永祥也出示查禁「過激主義」。前兩個月，北京有幾個老官僚在酒席上嘆氣，說，「不好了，過激派到了中國了。」前兩天有一個小官僚，看見我寫的一把扇子，大詫異道：「這不是過激黨胡適嗎？」哈哈，這就是「主義」的用處！

我因為深覺得高談主義的危險，所以我現在奉勸新輿論界的同志道：「請你們多提出一些問題，少談一些紙上的主義。」

更進一步說：「請你們多多研究這個問題如何解決，那個問題如何解決，不要高談這種主義如何新奇，那種主義如何奧妙。」

現在中國應該趕緊解決的問題，真多得很。從人力車伕的生計問題，到大總統的權限問題；從賣淫問題到賣官賣國問題；從解散安福部問題到加入國際聯盟問題；從女子解放問題到男子解放問題……哪一個不是火燒眉毛緊急問題？

我們不去研究人力車伕的生計，卻去高談社會主義；不去研究女子如何解放，家庭制度如何救正，卻去高談公妻主義和自由戀愛；不去研究安福部如何解散，不去研究南北問題如何解決，卻去高談無政府主義；我們還要得意揚揚誇口道，「我們所談的是根本解決」。老實說罷，這是自欺欺人的夢話，這是中國思想界破產的鐵證，這是中國社會改良的死刑宣告！

為什麼談主義的人那麼多，為什麼研究問題的人那麼少呢？這都由於一個懶字。懶的定義是避難就易。研究問題是極困難的事，高談主義是極容易的事。比如研究安福部如何解散，研究南北和議如何解決，這都是要費工夫，挖心血，收集材料，徵求意見，考察情形，還要冒險吃苦，方才可以得一種解決的意見。又沒有成例可援，又沒有黃梨洲、柏拉圖的話可引，又沒有《大英百科全書》可查，全憑研究考察的工夫：這豈不是難事嗎？高談「無政府主義」便不同了。買一兩本實社《自由錄》，看一兩本西文無政府主義的小冊子，再翻一翻《大英百科全書》，便可以高談無忌了：這豈不是極容易的事嗎？

高談主義，不研究問題的人，只是畏難求易，只是懶。

凡是有價值的思想，都是從這個那個具體的問題下手的。先研究了問題的種種方面的種種的事實，看看究竟病在何處，這是思想的第一步工夫。然後根據於一生經驗學問，提出種種解決的方法，提出種種醫病的丹方，這是思想的第二步工夫。然後用一生的經驗學問，加上想像的能力，推想每一種假定的解決法，該有什麼樣的效果，推想這種效果，是否真能解決眼前這個困難問題。推想的結果，揀定一種假定的解決，認為我的主張，這是思想的第三步工夫。凡是有價值的主張，都是先經過這三步工夫來的。不如此，不算輿論家，只可算是抄書手。

讀者不要誤會我的意思。我並不是勸人不研究一切學說和一切「主義」。學理是我們研究問題的一種工具。沒有學理做工具，就如同王陽明對著竹子痴坐，妄想「格物」，那是做不到的事。種種學說和主義，我們都應該研究。有了許多學理做材料，見了具體的問題，方才能尋出一個解決的方法。但是我希望中國的輿論家，把一切「主義」擺在腦背後，做參考資料，不要掛在嘴上做招牌，不要叫一知半解的人拾了這些半生不熟的主義，去做口頭禪。

「主義」的大危險，就是能使人心滿意足，自以為尋著包醫百病的「根本解決」，從此用不著費心力去研究這個那個具體問題的解決法了。

歷史科學的方法

……用最勤勞的工夫去搜求材料，用最精細的工夫去研究材料，用最謹嚴的方法去批評審查材料。

今天本人能參加這次「中國」地質學會年會，甚感榮幸。同時看到內容豐富的會刊，更覺高興。本人對地質是外行，沒有什麼可講，但因我和地質界許多位老前輩們都有深交，所以對過去地質學會的工作情形，特別清楚。本人尤其讚佩地質學會在國際上的崇高地位，對貴會前途寄予無限的期望。

地質學、古生物學皆屬於歷史科學，本人特在此提出一八八〇年赫胥黎（thomas henry huxley）關於研究古生物的一篇有名的講詞《柴狄的方法》（on the method of zadig）的故事來談談。

赫氏所講故事裡的「柴狄」是法國一位大哲人伏爾泰（voltare）做的小說裡的主角，在這書中柴狄是一位巴比倫的哲學家，他喜歡仔細觀察事物。有一天他在森林中散步，恰巧王后的小狗走失了，僕人正在找尋，問柴狄曾否看到。柴狄當時說那隻狗是一隻小母狗，剛生了小狗，並且一隻腳微跛。僕人以為那隻狗一定被他偷藏了，就要逮捕他。這時又有一群人來找尋國王失了的馬，柴狄又說出那馬是一匹頭等快跑的馬，身高五尺，尾長三尺半，馬蹄上帶著銀套，嘴銜勒上有二十三「開」金子的飾品。於是他就以偷竊王家的狗和馬的嫌疑被捕了。在法庭上柴狄為自己辯護，他指出：他根據沙上的痕跡就可以判斷那狗是剛生小狗的母狗，左後足是跛的；又根據路旁樹葉脫落的情形，可以判斷馬的高度，根據路的寬度和兩旁樹葉破碎的情形，可以判斷馬尾的長度；馬嘴曾碰石頭，那石頭上的劃痕，可以推知馬銜勒是二十二開金製成；根據馬的足跡可以判斷這是一匹頭等快跑的馬。隨後狗和馬都在別處找到了，柴狄無罪被釋。赫胥黎說：古生物學的方法其實就是「柴狄的方法」。

歷史學家、考古學家、古生物學家、地質學家以及天文學家所用的研究方法，就是這種觀察推斷的方法。地質學和古生物學都是「歷史的科學」，同樣根據一些事實來推斷造成這些事實的原因。

歷史的科學和實驗的科學方法有什麼分別呢？實驗的科學可以由種種事實歸納出一個通則。歷史的科學如地質學等也可以說是同樣用這種方法。但是實驗科學歸納得通則之後，還可以用演繹法，依照那通則來做實驗，看看某些原因具備之後是否一定發生某種預期的結果。實驗就是用人工造出某種原因來試驗是否可以發生某種結果。這是實驗科學和歷史科學最不同的一個要點。地質學和其他歷史的科學，雖然也都依因果律，從某些結果推知當時產生這些結果的原因，但歷史科學的證據大部分是只能搜求，只能發現，而無法再造出來反覆實驗的（天文學的歷史部分可以上推千萬年的日月蝕，也可以下推千萬年的日月蝕，也還可以推知某一個彗星大約在某年可以重出現。但那些可以推算出來的天文現象也不是用人工製造出來的。但我曾看見一位歐洲考古學家用兩塊石頭相劈，削成「原始石器」的形狀）。

正因為歷史科學上的證據絕大部分是不能再造出來做實驗的，所以我們做這幾門學問的人，全靠用最勤勞的工夫去搜求材料，用最精細的工夫去研究材料，用最謹嚴的方法去批評審查材料。

這種功夫，這種方法，赫胥黎在八十年曾指出，還不過是「柴狄的方法」。柴狄的方法，其實就是我們人類用常識來判斷推測的方法。赫胥黎說：「遊牧的民族走到了一個地方，看見了折斷了的樹枝，踏碎了的樹葉，搞亂了的石子，不分明的腳印，從這些痕跡上，他們不但可以推斷有一隊人曾打這裡經過，還可以估計那一隊的人數有多少，有多少馬匹，從什麼方向來，從往什麼方向去，過去了幾天了。」

歷史科學的方法不過是人類常識的方法，加上更嚴格的訓練，加上更謹嚴的紀律而已。

蒐集史料重於修史

原料越是保藏得多，蒐集得多，比起將原料整理刪除編整的工作，都遠為重要。不要使原料毀滅，我以為這個工作比編志更重要。

我非常感謝臺灣省文獻委員會及臺北市、基隆市、臺北縣、桃園縣、新竹縣、宜蘭縣等文獻委員會的各位先生給我參加這樣一個盛大的聚會。不過說到歡迎，我實在不敢當。剛才黃純青先生要我對修志問題表示意見。臺灣省文獻委員會等七個機構都是做徵文考獻工作的，他們在臺灣省各地保留資料、蒐集資料、整理資料，以編修《臺灣省通志》及各縣市的方志，這是一件大工作，要我表示意見實在不敢當。況且在座的有臺灣大學、中央研究院歷史語言研究所，以及師範學院的許多位文史先生，他們對於黃先生所提出的問題，無論在知識、學術見解，以及這幾年來他們參加襄助各地蒐集材料的工作，都比我知道得多，在這許多文史界權威學者面前，更不敢說話了。

不過黃先生說我是臺灣人，的確臺灣是我的第二故鄉，幼年時我曾在臺灣住過一年又十個月。這次我到臺南、臺東等地，曾種了一株榕樹，兩株樟樹，據說這兩種樹都有很長的壽命，將來長大了，也許有一個小小掌故的地位，也可以說替將來的臺灣文獻捏造一些掌故。

我還要特別感謝文獻會的黃先生，將先君父在臺灣留下的一點紀錄：一個是私人日記，一個是向他長官所作的報告，予以刊行。

關於黃先生所提的修志大問題，我剛才已經說過，我是不配提出有價值的意見的，不過大家知道我從前作過一部《章實齋（學誠）年譜》，因為編這一部書，對於方志問題略曾注意。章實齋是一個史學家，是很有歷史的眼光的學者，他的書中，一部分有關文史，一部分有關方志，特別對於方志部分還有許多意見。因為我編章實齋的《年譜》，所以引起我對方志的興趣。平時我自己也蒐集一些材料，但個人所蒐集的材料當然有限，而且不免多是與個人有關的。但是我在國外，看到蒐集方志最全的是美國國會圖書館，它蒐集了全中國的方志，這實在是很了不得的。從前朱士嘉先生曾編有一個美國國會圖書館所藏中國方志的書目，可以作為參考。在國內除了北大圖書館和上海的涵芬樓以外，很少有一個地方像美國國會圖書館蒐集得那樣完備。而美國除了國會圖書館以外，尚有哈佛大學、哥倫比亞大學、普林斯頓大學的收藏亦甚豐富。因此，我有一個小小的意見，今天向七個專門考獻的團體的先生以及文史專家面前提出。

我覺得文獻委員會這幾年來所做的蒐集史料、刊印史料的工作，也許比將來修志的工作特別重要。這一句話並不是說對諸位修省通志或地方志的工作不重要，我的意思是說蒐集資料、保藏原料、發表原料這些工作，比整理編志的工作更重要。有了原料，將它收集保藏起來，隨時隨地的繼續蒐集，隨時出版，有一種材料就印一種，這個工作比修志編志書重要得多。為什麼原因呢？因為志書經過一番製造整理，是一種製造品。臺大前校長傅斯年先生曾說過：人家以為「二十四史」中《宋史》最多麻煩，其實在「二十四史」中《宋史》的價值最高。這個見解我是很贊成的。因為《宋史》所保藏的原料最多，經過整理刪除的最少。有人以為《宋史》不好，要重新寫過一部；我卻以為幸而《宋史》替我們保留了許多材料。再說大家都知道唐書有兩部，一部《新唐書》，一部《舊唐書》。《新唐書》是宋時人作的，經過了一番整理，以做文章的方法來寫歷史，將材料改了很多，文章固然很謹嚴，一般做文章的人也許很恭維《新唐書》，但以歷史的眼光看，《新唐書》是遠不如《舊唐書》的。清朝學者王若虛就曾經寫說過《新唐書》不好。我們可以說《新唐書》不但文章不通，而且原始的材料都掉了；《舊唐書》就是因為材料較多，所以篇幅也較多，差不多比《新唐書》多了一倍，這是它的好處。

今天在座的七個團體，都是從事徵文考獻的工作，給臺灣的歷史保藏史料。原料越是保藏得多，蒐集得多，比起將原料整理刪除編整的工作，都遠為重要。因為無論以什麼方式編志，新方法也好，舊方法也好，都不免經過整理，許多材料不免受編志總纂主觀的取捨。甚至毀去一部分材料，或隱藏一部分材料。經過這一階段，往往將有價值的原料去掉，所以整理出來的東西就成為製造品。我們以現代新的眼光來看，與其編志，不如做蒐集材料、發表材料，繼續蒐集材料、隨時發表材料的工作。譬如說，「二．二八」事變是一個很不愉快的事，現在距離的時間很短，在臺灣是一件個很重要的問題，在這個時候不能不討論這個問題，但討論時不免有許多主觀的見解。而關於這件事，就有許多材料不能用，不敢用，或者不便用。在這樣的情形下，與其寫一部志書，在方志中很簡單的將「二．二八」事件敘述幾遍，還不如不去談它，不去寫書，而注重在保藏史料這一方面，使真實的材料不致毀滅，而可以發表的就把它發表。這是舉一個很極端的例子，來說明原料比製造品重要；說明過早提出結論，不如多保留各方面的材料，到可以發表的時候當作原料發表，不加以論斷。不要使原料毀滅，我以為這個工作比編志更重要。希望各地文獻委員會對於蒐集材料、保存資料的工作能夠繼續，而且要特別的看重。不要存一種蒐集資料就要編志的觀念。

還有今天我在臺大參觀人類考古學系，看到有關高山族的考據，這是很了不得的，把高山族分成七個大類，這個工作現在剛剛開始，只是在開始蒐集材料，還沒有到蒐集齊全的時期。有關民族、語言、方言等等的調查紀錄，就我所知，目前還不夠，尚待繼續蒐集，再以新的方式整理。在開始蒐集的時候，很不容易有一個結論。徵文考獻亦復如此，應多蒐集原料、研究原料，不必在幾年中將各地通志a都寫起來。至少在我這個半個臺灣人看來是不必如此的。而應擴大蒐集材料的範圍，請臺大、師院及歷史研究所各位先生就民族學、語言學、人類學各方面以新的方法來蒐集新的材料。

這是我這半個臺灣人回到第二故鄉，向各位負徵文考獻責任的先生們，以我外行的一點小意見貢獻給大家。我想許多文史專家一定有更好的意見，黃先生可以請他們多多發表，我只是以我粗淺的意見供大家的參考，作為一種拋磚引玉的意見。

考據學的責任與方法

凡做考證的人，必須建立兩個駁問自己的標準：第一要問，我提出的證人證物本身可靠嗎？這個證人有作證的資格嗎？這件證物本身沒有問題嗎？第二要問，我提出這個證據的目的是要證明本題的哪一點？這個證據足夠證明哪一點嗎？

歷史的考據是用證據來考訂過去的史事（另一版本作「事實」）。史學家用證據考定事實的有無、真偽、是非，與偵探訪案，法官斷獄，責任的嚴重相同，方法的謹嚴也應該相同。這一點，古人也曾見到。朱子曾說：「看文字須如法官深刻，方窮究得盡。」朱子少年舉進士，曾做四年同安縣主簿，他常常用判斷獄訟的事來比喻讀書窮理。例如他說：

向來熹在某處，有訟田者，契數十本，中間一段作偽，自崇寧、政和間，至今不決。將正契及公案藏匿，皆不可考。熹只索四畔眾契，比驗前後所斷，情偽更不能逃者。窮理亦只是如此。

他又說：

學者觀書……大概病在執著，不肯放下。正如聽訟，先有主張乙底意思，便只尋甲的不是；先有主張甲的意思，便只見乙底不是。不若姑置甲乙之說，徐徐觀之，方能辯其曲直。

在朱子的時代，有一位有名的考據學者，同時也是有名的判斷疑獄的好手，他就是《雲谷雜記》的作者張淏，字清源。《雲谷雜記》有楊楫的一篇《跋》，其中說：

嘉定庚午（1210，朱子死後十年），予假守龍舒，始識張君清源……其於書傳間辯正訛謬，旁證遠引，博而且確。……會旁郡有訟析資者，幾二十年不決。部使者下之郡，予因以屬之。清源一閱文牘，曰：「得之矣。」即呼二人叩之。甲曰：「紹興十三年，從兄嘗鬻祖產，得銀帛楮券若干，悉輦而商，且書約，期他日復置如初。兄後以其資買田於淮，不復歸。今兄雖亡，元約固存，於法當析。」乙曰：「父存而叔未嘗及此，父死之後，忽稱為約，實為不可。」清源呼甲至，謂之曰：「按國史，紹興三十年後方用楮幣，不應十三年汝家已預有若干。汝約偽矣。」甲不能對，其訟遂決。

楊楫《跋》中又記張淏判決的另一案：

又有訟田者，余五十年，屢買對而不得其理。清源驗其券，乃政和五年龍舒民與陶龍圖者為市，因訊之曰：「此呼龍圖者為何人？」曰：「祖父也。」清源曰：「政和三年五甲登第，於法不過簿尉耳，不應越二年已呼龍圖。此券紹興間偽為以誣人，尚何言哉？」其人遂俯伏，眾皆駭嘆。

朱子的話和楊楫的《跋》都可以表示十二三世紀的中國學術界裡頗有人把考證書傳訛謬和判斷疑難獄訟看作同一樣的本領，同樣的用證據來斷定了一件過去的事實的是非真偽。

唐宋的進士登第後，大多數分發到各縣去做主簿、縣尉，使他們都可得著判斷獄訟的訓練。程子、朱子都在登進士第後作過主簿。聰明的人，心思細密的人，往往可以從這種簿書獄訟的經驗裡得著讀書治學的方法，也往往可以用讀書治學的經驗來幫助聽訟折獄。因為這兩種工作都得用證據來判斷事情。

讀書窮理方法論是小程子建立的，是朱子極力提倡的。小程子雖然沒有中進士，不曾有過聽訟折獄的經驗，然而他寫他父親程珦的《家傳》，哥哥程顥的《行狀》，和「家世舊事」，都特別記載他家兩代判斷疑獄的故事。他記大程子在鄠縣主簿任內判決窖錢一案，方法與張淏判的楮幣案相同；又記載大程子宰晉城時判決冒充父親一案，方法與張淏判的陶龍圖案相同。讀書窮理的哲學出於善斷疑獄的程氏家庭，似乎不是偶然的。

中國考證學的風氣的發生，遠在實驗科學發達之前。我常推想，兩漢以下文人出身做親民之官，必須料理民間訴訟，這種聽訟折獄的經驗是養成考證方法的最好訓練。試看考證學者常用的名詞，如「證據」、「佐證」、「佐驗」、「勘驗」、「推勘」、「比勘」、「質證」、「斷案」、「案驗」，都是法官聽訟常用的名詞，都可以指示考證學與刑名訟獄的歷史關係。所以我相信文人審判獄訟的經驗大概是考證學的一個比較最重要的來源。

無論這般歷史淵源是否正確，我相信考證學在今日還應該充分參考法庭判案的證據法。獄訟最關係人民的財產生命，故向來讀書人都很看重這種責任。如朱子說的：

天下事最大而不可輕者，無過於兵、刑。……獄訟面前分曉事易看。其情偽難通，或旁無佐證，各執兩說，系人性命處，須吃緊思量，或猶有誤也。

我讀完乾隆、嘉慶時期有名的法律家汪輝祖的《遺書》，看他一生辦理訴訟，真能存十分謹慎的態度。他說：「辦案之法，不唯入罪宜慎，即出罪亦宜慎。」他一生做幕做官，都盡力做到這「慎」字。

但是文人做歷史考據，往往沒有這種謹慎的態度，往往不肯把是非真偽的考證看作朱子說的「系人性命處，須吃緊思量」。因為文人看輕考據的責任，所以他們往往不能嚴格的審查證據，也往往不能謹慎的運用證據。證據不經過嚴格的審查，則證據往往夠不上作證據。證據不能謹慎的使用，則結論往往和證據不相干。這種考據，儘管堆上百十條所謂「證據」，只是全無價值的考據。

近百年中，號稱考證學風氣流行的時代，文人輕談考據，不存謹慎的態度，往往輕用考證的工具，造成誣枉古人的流言。有人說，戴東原偷竊趙東潛（一清）的《〈水經注〉釋》。又有人說，戴東原偷竊全謝山的校本。有人說，馬國翰的《玉函山房輯佚書》是偷竊章宗源的原稿。又有人說，嚴可均《全上古三代秦漢三國兩晉六朝文》是攘奪孫星衍的原稿。

說某人作賊，是一件很嚴重的刑事訴訟。為什麼這些文人會這樣輕率的對於已死不能答辯的古人提出這樣嚴重的控訴呢？我想來想去，只有一個答案：根本原因在於中國考證學還缺乏自覺的任務與自覺的方法。任務不自覺，所以考證學者不感覺他考訂史實是一件最嚴重的任務，是為千秋百世考定歷史是非真偽的大責任。方法不自覺，所以考證學者不能發覺自己的錯誤，也不能評判自己的錯誤。

做考證的人，至少要明白他的任務有法官斷獄同樣的嚴重，他的方法也必須有法官斷獄同樣的謹嚴，同樣的審慎。

近代國家「證據法」的發達，大致都是由於允許兩造辯護人各有權可以駁斥對方提出的證據。因為有對方的駁斥，故假證據與不相干的證據都不容易成立。

考證學者閉門做歷史考據，沒有一個對方辯護人站在面前駁斥他提出的證據，所以他往往不肯嚴格的審查他的證據是否可靠，也往往不肯謹慎的考問他的證據是否關切，是否相干。考證方法所以遠不如法官判案的謹嚴，主要原因正在缺乏一個自覺的駁斥自己的標準。

所以我提議：凡做考證的人，必須建立兩個駁問自己的標準：第一要問，我提出的證人證物本身可靠嗎？這個證人有作證的資格嗎？這件證物本身沒有問題嗎？第二要問，我提出這個證據的目的是要證明本題的哪一點？這個證據足夠證明哪一點嗎？

第一個駁問是要審查某種證據的真實性。第二個駁問是要扣緊證據對本題的相乾性。

我試舉一例。這一百年來，控訴戴東原偷竊趙東潛《水經注》校本的許多考證學者，從張穆、魏源到我們平日敬愛的王國維、孟森，總愛提出戴東原「背師」的罪狀，作為一個證據。例如魏源說：

戴為婺源江永門人，凡六書、三禮、九數之學，無一不受諸江氏。及戴名既盛，凡己書中稱引師說，但稱為同裡老儒江慎修，而不稱師說，亦不稱先生。

又如王國維說：

其（東原）平生學說出於江慎修。……其於江氏亦未嘗篤「在三」之誼，但呼之曰婺源老儒江慎修而已。

我曾遍檢現存的戴東原遺著（微波榭刻本與《安徽叢書》本），見他每次引江慎修的話，必稱江先生。計有：

《經考》引江說五次，四次稱江慎齋修先生，一次稱江先生。《經考》附錄引一次，稱江慎齋修先生。

《屈原賦注》引四次，稱江先生。

《〈考工記〉圖》引三次，稱江先生。

《〈顧氏音論〉跋》，引一次，稱江先生。

《答段若膺論韻》，稱江慎修先生一次，稱江先生凡八次。

總計東原引江慎修，凡稱「先生」二十二次。其中《經考》、《〈考工圖〉記》、《屈原賦注》，都是少年之作；《答段若膺論韻》則是東原五十四歲之作，次年他就死了。故東原從少年到臨死前一年，凡稱引師說，必稱先生。

至於「老儒江慎修」一句話，我也曾審查過。東原在兩篇古韻分部的小史裡——一篇是

《聲韻考》的《古音》一卷，一篇是《〈六書音韻表〉序》——敘述鄭庠以下三個人的大貢獻，有這樣說法：

鄭庠……分六部。

近人崑山顧炎武……列十部。

吾郡老儒江慎修永……列十又三部。

這兩篇古音小史裡，鄭庠、顧炎武都直稱姓名，而江永則特別稱「吾郡老儒江慎修永」，這是表示敬重老師不敢稱名之意，讀者當然可以明了。

故魏源、王國維提出的證據，一經審查，都是無根據的謠言，都沒有作證據的資格。既沒有作證據的資格，我們當然不再問這件證據足夠證明《水經注》疑案的那一點了。

我再舉一句例子。楊守敬在他的《〈水經注疏〉要刪》裡，曾舉出十幾條戴氏襲趙氏的「確證」，其中有一條是這樣的：朱謀的《〈水經注〉箋》卷七，《濟水篇》注文引：

《穆天子傳》曰甲辰天子浮於荥水。

趙氏《〈水經注〉釋》的各本都把「甲辰」改作「甲寅」，刊誤說：甲辰，一清按《穆天子傳》是甲寅。

戴氏兩種校本也都改作「甲寅」。

楊守敬提出這條作為戴襲趙之證，他說：

原書本是甲辰。趙氏所據何本誤以為甲寅，戴氏竟據改之（《要刪》七，頁9）。

楊氏所謂「原書」，是指《穆天子傳》。天一閣本、《漢魏叢書》本，與今日通行本《穆天子傳》，此句都作甲辰。趙東潛說他依據《穆天子傳》作甲寅，是他偶然誤記了來源。楊守敬說「原書本作甲辰」，是不錯的。

但楊守敬用這條證據來證明趙氏先錯了而戴氏跟著錯，故是戴襲趙之證，那就是楊守敬不曾比勘《水經注》古本，鬧出笑話來了。這兩個字的版本沿革史，如下表：

殘宋本作	甲寅
《永樂大典》作	甲寅
黃省曾本作	甲寅

吳琯本改作
甲辰
朱謀本作
甲辰
趙一清本改
甲寅
戴震本改
甲寅

古本都作甲寅，吳琯本始依《穆天子傳》改作甲辰，朱本從吳本也作甲辰。趙氏又依古本（黃氏或孫潛本）改回作甲寅。戴氏依《大典》本改回作甲寅。

楊守敬所見《水經注》的版本太少了，他沒有看見朱謀以前的各種古本，腦子裡先存了「戴襲趙」的成見，正如朱子說的「先有主張乙底意思，便只尋甲的不是」。他完全不懂得《水經注》問題本來是個校勘學的問題，兩個學者分頭校勘同一部書，結果當然有百分之九十九以上相同。相同是最平常的事，本不成問題，更不成證據。

楊守敬在他的《凡例》裡曾說：

若以趙氏所見之書，戴氏皆能讀之，冥符合契，情理宜然。余謂事同道合，容有一二。豈有盈千累百，如出一口？

這句話最可以表示楊守敬完全不懂得校勘學的性質。校勘學是機械的工作。只有極少數問題沒有古本古書可供比勘，故須用推理。絕大多數的校勘總是依據古本與原書所引的古書。如果趙戴兩公校訂一部三十多萬字的《水經注》而沒有「盈千累百」的相同，那才是最可驚異的怪事哩！

即如上文所舉「甲寅」兩字的版本沿革，都是校勘學最平常的事，豈可用來作誰偷誰的證據！

我舉出這兩個例子來表示一班有名的學者怎樣輕視考證學的任務，怎樣濫用考證學的方法。我最後要舉一個極端的例子來做這篇文字的結束。《水經注》卷二十四，《瓠子水》篇有一段文字，前面敘舊東河迳濮陽城東北，下文忽然接著說：「《春秋》僖公十三年夏會於鹹。」凡熟於《水經注》文字體例的人，都知道這兩節之間必有脫文，故趙戴兩本都在「春秋」上校增「又東，迳鹹城南」六字，趙氏刊誤云：

又東逕鹹城南六字，全氏曰，以先司空公本校增。楊守敬論此條說：

此非別有據本，以下文照之，固當有此六字。此戴襲全之證。（《要刪》二十四，頁7）

他既說這六字的校增不必有本子的根據，只看下文，即知「固當有此六字」，則是無論誰校《水經注》，都會增此六字了。為什麼獨不許戴東原校增此六字呢？為什麼這六字可以用作戴襲全氏的證據呢？

用證據考定一件過去的事情，是歷史考證。用證據判斷某人有罪無罪，是法家斷獄。楊守敬號稱考證學者，號稱「妙悟若百詩，篤實若竹汀，博辨若大可」，卻這樣濫用考證學的方法，用全無根據的證據來誣枉古人作賊。考證學墮落到這地步，豈不可嘆！

我們試看中國舊式法家汪輝祖自述他辦理訟案是如何敬慎。他說：

罪從供定。犯供（犯人自己的供狀）最關緊要。然五聽之法，辭只一端。且錄供之吏難保一無上下其手之弊。據供定罪，尚恐未真（注）。余在幕中，凡犯應徒罪以上者，主人庭訊時，余必於堂後凝神細聽；供稍勉強，即屬主人復訊。常戒主人不得性急用刑。往往有訊至四、五次及八、九次者。疑必屬訊，不顧主人畏難；每訊必聽，余亦不敢憚煩也。

（《續佐治藥言》「草供未可全信」條）

被告自己的供狀，尚且未可據供定罪，有疑必復訊，不敢憚煩。我們做歷史考證的人，必須學這種謹慎不苟且的精神，才配擔負為千秋百世考定史實的是非真偽的大責任。

三十五年，十，六，北平東廠胡同

注汪輝祖舉的「據供定罪，尚恐未真」的實例：「乾隆壬午（1762）八月，館平湖令劉君冰齋署。會孝豐縣民蔣氏行舟被劫，通詳緝捕。封印後，余還裡度歲。而平湖有回籍逃軍日盛大者，以糾匪搶奪被獲，訊為孝豐劫案正盜。冰齋迓余至館，檢閱草供。凡起意糾夥，上盜傷主，劫贓俵分，各條，無不畢具。居然『盜』也。且已起有藍布綿被，經事主認確矣。當晚囑冰齋覆勘，余從堂後聽之。一一輸供，無懼色。顧供出犯口，熟滑如背書然。且首夥八人，無一語參差者。心竊疑之。次晚復囑冰齋故為增減案情，隔別再訊。則或認，或不認，八人者各各歧異，至有號呼訴枉者。遂止不訊。而令庫書依事主所認布被顏色新舊，借購二十餘條，余私為記別，雜以事主原認之被，囑冰齋當堂令事主辨認，竟懵無辨識！於是提各犯研鞫，僉不承認」。「細詰其故。蓋盛大被獲之初，自意逃軍犯搶，更無生理，故訊及孝豐劫案，信口妄承，而其徒皆附和之。實則綿被為己物，裁製有人。

即其（搶奪）本案亦不至於死也，遂脫之」。

「越二年，冰齋保舉知府，入京引見。而此案正盜由元和縣發覺，傳事主認贓。冰齋回任，赴蘇會審定案」。（適按：平湖縣屬浙江嘉興府，孝豐縣屬浙江湖州府，元和縣屬江蘇蘇州府，故劉君須赴蘇會審。）

「初余欲脫盛大時，闔署譁然，謂余枉法曲縱，不顧主人考成。余聞之，辭冰齋，冰齋弗聽許。余曰：『必欲餘留止者，非脫盛大不可。且失贓甚多，而以一疑似之布被駢戮數人，非唯我不忍，……為君計，亦恐有他日累也。』至是，冰齋語余曰：『曩者君力脫盛大，君何神耶！』……余自此益不敢以草供為據矣。」（《續佐治藥言》4頁至6頁。參用《病榻夢痕錄》乾隆廿八年記此案，文字稍有刪改，使人易曉）

這篇《考據學的責任與方法》，是民國三十五年寫的。今年我重讀一遍，覺得還可以收存。我當時因為汪輝祖舉例的文字太長，沒有全抄。現在我覺得這位刑名大家的「據供定罪，尚恐未真」一條大原則真是中國證據法一個重要理論，而這個大原則是需要舉例說明的，所以我全抄汪先生舉的一件案子的文字，作為一條小注。

（平湖知縣劉冰齋，名國烜，奉天人）

論證據

凡考證，先須問證據可靠與否。這個證人是誰？證據的性質的考定。

凡考證，先須問證據可靠與否。

（一）證人

這個證人是誰？

(1)本人（本證，internal evidence）（如《紅樓夢》開端語）

①不是冒充本人的嗎？（如施耐庵《水滸傳》序）

②本人有作偽的動機否？

a.自諱飾？

b.自揄揚？

c.牟利（高鶚、程偉元《紅樓夢序》）

d.為他人諱飾等？

e.有意誣衊人？

f.遊戲？

(2)旁證

他的年代、地域、關係，使他有做證人的資格否？

①他是不是同時人？如不同時，後多少時候？（張問陶詩）

②他是不是同地域人？

③他與原、被告有無親屬、朋友等等關係？（孰誠、孰敏）

④他與原、被告有恩怨關係嗎？

⑤他有何特殊資格來當證人？

⑥他有作偽的動機沒有？

（二）證物

證據的性質的考定。

①是真的嗎？若是真的，還得問：

a.是原物嗎？

b.有無心的錯誤嗎？（誤記最普通）

c.有過改動嗎？（改動是有心的修正）

②有心的修改已近於「作偽」了。所謂「假」，只是有心捏造而有詐欺的動機的。（如《蒲留仙詩集》石印本；如《兒女英雄傳》的雍正、乾隆時代二《序》）

格致與科學

我們中國人的科學遺產只有兩件：一是程子、朱子提出的「即物窮理」的科學目標，一是三百年來樸學家實行的「實事求是」的科學精神與方法。

科學初到中國的時候，沒有相當的譯名，當時的學者就譯做「格致」。格致是「格物致知」的縮寫。《大學》裡有一句「致知在格物」，但沒有說明「格物」是什麼或是怎樣做。到了宋朝，一班哲學家都下過「格物」的解說，後來竟有六七十家的不同的界說。其中最有勢力的一個解說是程子（程頤）、朱子（朱熹）合作的。他們說，「格就是到」，格物就是到物上去窮究物的理。朱子說得最清楚：

天下之物莫不有理，而吾心之明莫不有知。……即凡天下之物，莫不因其已知之理而益窮之，以求至乎其極。

即（就）物窮理，是格物；求至乎其極，是致知。

這確是科學的目標，所以當時譯科學為「格致」是不錯的。

有人問程子，格物的「物」有多大的範圍，程子答道：自一身之中，至萬物之理，都是物。他又說：一草一木都應該研究。就是近代科學的研究範圍也不過如此。

程子、朱子說的格物方法，也很可注意。他們教人：今日格一物，明日又格一物；今日窮一理，明日又窮一理。只要累積多了，自然有豁然貫通的日子。

程子、朱子確是有了科學的目標、範圍、方法。何以他們不能建立中國的科學時代呢？

他們失敗的大原因，是因為中國的學者向來就沒有動手動腳去玩弄自然界實物的遺風。程子的大哥程顥就曾說過「玩物喪志」的話。他們說要「即物窮理」，其實他們都是長袍大袖的士大夫，從不肯去親近實物。他們至多能做一點表面的觀察和思考，不肯用全部精力去研究自然界的實物。

久而久之，他們也覺得「物」的範圍太廣泛了，沒有法子應付。所以程子首先把「物」的範圍縮小到三項：（一）讀書窮理，（二）尚論古人，（三）應事接物。後來程朱一派都依著這三項的小範圍，把那「凡天下之物」的大範圍完全丟了。範圍越縮越小，後來竟從「讀書窮理」更縮到「居敬窮理」，「靜坐窮理」，離科學的境界更遠了。

明朝有個理學家王陽明（王守仁），他曾譏笑程子、朱子的格物方法。他說：「即物窮理是走不通的路。我們曾實地試驗過來。有一天，一位姓錢的朋友想實行格物，我叫他去格庭前的竹子。錢先生坐在竹子邊，格了三天三夜，格不出道理來。我就自己去試試，一連格了七天，也格不出道理來。我們只好嘆口氣，說，聖賢是做不成的了，因為我們沒有那麼大的精力去格物！」

王陽明這段話最可以表示中國的士大夫從來沒有研究自然的風氣，從來沒有實驗科學的方法，所以雖然有「格物致知」的理想，終不能實行「即物窮理」，終不能建立科學。

十七世紀以後的「樸學」（又叫做「漢學」），用精密的方法去研究訓詁音韻，去校勘古書。他們做學問的方法是科學的，他們的實事求是的精神也是科學的。但他們的範圍還跳不出「讀書窮理」的小範圍，還沒有做到那「即物窮理」的科學大範圍。

所以我們中國人的科學遺產只有兩件：一是程子、朱子提出的「即物窮理」的科學目標，一是三百年來樸學家實行的「實事求是」的科學精神與方法。

我們現在和將來的努力，要把這兩項遺產打成一片：要用那樸學家「實事求是」的精神與方法來實行理學家「即物窮理」的理想。

談談實驗主義

我們人類當從事實上求真確的知識，訓練自己去利用環境的事務，養成創造的能力，去做真理的主人。

此番美國大教育家杜威博士到中國來，江蘇省教育會請他明天後天到這兒來演說，又因為我是他的學生，所以叫我今天晚上先來演講。方才主席說我是杜威博士的高足弟子，其實我雖是他的弟子，那「高足」二字可也不敢當，不過今天先要在諸君面前把杜威博士的一派學說，稍稍演述一番，替他先開闢出一條道兒，再加些灑掃的功夫，使得明天諸君聽杜威博士的演說有些頭緒，那也是做弟子的應盡的職分。

我今天所要講的題目，是「實驗主義」，英文中有人譯做「實際主義」，我想這個名詞也好用，並且實驗主義在英文中，似當另為一個名詞。那麼，我何以要把實際主義改為實驗主義呢？那也有個道理，原來實驗主義的發達，是近來二十年間的事情，並且分為幾派，有歐洲大陸派，有英國派，有美國派，英國派是「人本主義」。他的意思是萬事萬物都要以人為本位，不可離開了人的方面空去說的，所以是非、有無、利害、苦樂，都是以人為根本的。美國派又分兩派，一派就是「實際主義」，為杜威博士那一般人所代表的。一派是「工具主義」，這派把思想真理等精神的產物都看做應用的工具，和那用來寫字的粉筆，用來喝茶的茶杯一樣。以上各派，雖則互有不同，然而有一點是共同的，那就是注重實驗，所以我今天的題目叫做「實驗主義」。

我們要明白實驗主義是什麼東西，先要知道實驗的態度究竟是怎麼樣，實驗的態度，就是科學家在試驗室裡試驗的態度，科學家當那試驗的時候，必須先定好了一種假設，然後把試驗的結果來證明這假設是否正當。譬如科學家先有了兩種液體，一是紅的，一是綠的，他定了一個假設，說這兩種液體拼合起來是要變黃色的。然而這句話不是一定可靠，必須把他試驗出來，看看拼合的結果是否黃色，再來判定那假設的對不對。實驗主義所當取的態度，也就和科學家試驗的態度一樣。

既然如此，我敢說實驗主義是十九世紀科學發達的結果，何以見得實驗主義和科學有關係呢？那麼，我們不可不先明白科學觀念的兩大變遷。

一、科學律令科學的律令，就是事物變化的通則，從前的人以為科學律令是萬世不變，差不多可以把中國古時「大不變，道亦不變」的一句話，再讀一句「科學律令亦不變」，然而五十年來，這種觀念大為改變了。大家把科學律令看作假設的，以為這些律令都是科學家的假設，用來解釋事變的。所以，可以常常改變。譬如幾何學的定律說，從直線的起點上只有一條直線可以同原線平行。又說，三角形中的三個角相加等於二直角，這二律我們都以為不可破的。然而新幾何學竟有一派說，從直線的起點上有無數的直線同原線平行；有的說，從直線的起點上沒有一條直線可以同原線平行；有的說，三角形中的三角相加比二直角多；有的說，比二直角少。這些理論，都和現在幾何學的律令不同，卻也能「言之成理，持之有故」。連科學家也承認他們有成立的根據。不過照現在的境遇說，通常的幾何學是最合應用，所以我們去從他的律令。假使將來發現現在的幾何學不及那新幾何學合用，那就要「以新代舊」了。我們對於科學律令的觀念既改，那麼研究科學的方法也改了，並且可以悟得真理不是絕對的。譬如我們所住的大地，起初人家以為是扁平的，日月星辰的出沒，都因為天空無邊，行得近些就見了，行得太遠就不見了。這種說話現在看來固然荒謬，然而起初也都信為真理，後來事變發現得多了，這條真理不能解釋他了。於是有「地圓」的一說，有「地球繞日」的一說，那就可見真理是要常常改變的。又譬如三綱五常，我們中國從前看做真理，但是這八年之中，三綱少了一綱，五常少了一常，也居然成個國家。那就可見不合時勢的真理是要漸漸的不適用起來。

二、生存進化起初的人以為種類是不變的，天生了這樣就終古是這個樣兒。所以他們以為古時的牛就是現在的牛，古時的馬就是現在的馬，到了六十年前達爾文著《種源論》，才說明種類是要改變的。人類也是猿類變的，我們人類有史的時代雖只有幾千年，而從有人類以來至少有一萬萬年，假使把這一萬萬年中的生物，從地質學考究起來，不曉得種類變得多少了，那種類變化的根本，就是「物競天擇，適者生存」八個字。再簡單說一句，就是「適應環境」罷了。譬如這塊地方陽光太大，生物就須變得不怕陽光。那塊地方天氣太冷，生物就須變得不怕寒冷。能夠這樣的變化方可生存，不能變的或變得不完全適合的難免淘汰。而且這種變化，除了天然以外，人力也可做到的。譬如養雞養鴨，我們用了擇種的法子，把壞的消滅了，好的留起來，那麼數世之後只有好種了。又譬如種桃，我們用了接木的法子，把桃樹的枝接到蘋果樹上去，一二年中就會生出特種的桃子，可見生存進化的道理，全在適應環境的變化。

上面我說了兩大段的話，現在把他結束起來，就是：一、一切真理都是人定的。人定真理不可徒說空話，該當考察實際的效果。二、生活是活動的，是變化的，是對付外界的，是適應環境的。我們明白了這兩個從科學得來的重要觀念，方才可以講到杜威博士一派的實際主義了。

杜威博士所主張的實際主義，我們分三種來討論。

一、方法論二、真理論三、實在論

一、方法論實驗主義和政治，經濟，社會，教育，學理的種種方面都有關係，就因為他的方法和別個方法不同，他的方法，簡單說起來，就是不重空泛的議論，不慕好聽的名詞。注意真正的事實，采求試驗的效果，我們把這種方法應用到三方面去。

甲、應用到事物上去我們要明白事物，必須先知道事物的真意義，不可因為曉得事物的名稱就算完事。譬如瞎子，他也會說「白的」「黑的」。但是叫他把兩樣物件中間揀出那「白的」或「黑的」來，他就不能動手，因為他實在沒有知道黑白的真意義。又譬如一個會說話的聾子，他也會說「小叫天」、「梅蘭芳」，但是叫他說出小叫天或梅蘭芳的聲調怎樣好法，他就不能開口，因為他並沒有知道「譚迷」「梅迷」的真意義。所以要明白事物，第一須知道事物對於我發生怎樣的感覺。譬如「黑」在我身上的感覺是怎麼樣，「電燈」在我身上的感覺是怎麼樣。第二須知道我對於事物發生怎樣的反動。譬如「黑」了我將怎樣做。「空氣不好」我將怎樣做。若僅僅如孔子所說的「多識鳥獸草木之名」，那就和實際主義大相反背了。

乙、應用到意思上去實驗主義的學者，把凡所有的意思都看做假設，再去試驗他的效果。譬如甲有一個意思說這樣方可以齊家，乙有一個意思說那樣方可以治國。我們都不可立刻以為是的或否的，先得試驗他的結果是否可以如此。然後再去批評他，捷姆斯博士把意思看作銀行的支票一樣，倘然我的意思是可行的，行了出去竟得到我所預期的結果。那就好比兌現的支票一樣，不然，那就是不兌現的支票了。所以在實驗主義看來，意思都是假設的，都是要待人家去試驗的。

丙、應用到信仰上去信仰比意思更進一層了，意思是完全假設的。意思等到試驗對了之後方成信仰，然而信仰並不是一定不易的，須得試驗試驗才好。譬如地球扁平的一說，當初也成為信仰，但是現在觀察出來，地球並不是這樣，所以這信仰就打破了。又譬如我們假使信仰上帝是仁慈的，但何以世界上有這樣的大戰，可見得信仰是並非完全靠得住，必得把現在的事情實地去考察一番，方才見得這種信仰是否合理。迷信的事姑且勿論，就是普通社會的信條也未必是完全合情合理的，在實際主義看來，那都要待人試驗的。

上面所說的實際主義方法的應用，和教育究竟有什麼關係呢？這個問題的答案就是，教育事業當養成實事求是的人才，勿可專讀死書，卻去教實在的事物，勿可專被書中意思所束縛，卻當估量這種意思是否有實際的效果，勿可專信仰前人的說話，卻當去推求這些信條是否合於實情。

二、真理論實驗主義關於真理的論據，前面已經講得不少了。此處所要說明的，就是「真理都是工具」一句話。譬如三綱五常從前在中國成為真理，就因為在宗法社會的時候，這個「綱常」的理論，實在可以被我們用作工具來範圍人心，並且著實見些功效。到了現在社會的情形變了，這個「綱常」也好像是沒用工具一般，只好丟去。另尋別的適用的工具了，既然如此，所以真理是常常改變的。捷姆斯a博士說過，大凡真理都是替我們做過媒來的，都是替我們擺過渡來的，因為倘然我們發現了一種事物的變化，不能用舊時的真理去解釋他，就不得不另創新的真理去解釋，這種新的真理就是替我們和事變做媒擺渡，而舊理的做媒擺渡的功用失去了。所以實際主義對於真理的觀念，是要養成主動的思想，去批評真理的，不是養成被動的思想，做真理的奴隸。譬如「不孝有三，無後為大」、「婦者服於人也」，這些話都是中國前代的真理。但是我們要考察這些真理是否合於現在社會的情形，然後來定他們的是非。

三、實在論實在論就是宇宙論，也就是世界觀，那是哲學的問題。照實際主義說世界是人造的。所以各人眼光中的世界是大不相同，譬如同在一塊地方，詩人的世界是風花水月之類，工人的世界是橋樑屋宇之類，各人有各人注意的所在，也就是各人有各人的世界。並且世界是由小而大的，各人的生活經驗越增加，那世界的範圍越擴大，生活的樂趣也越增加。所以實際主義學者的世界是實在的世界，不是空虛的世界。那佛教所創造的「極樂國」、「天堂」、「涅槃世界」、「極樂世界」等都是空空洞洞不可捉摸的，並且他們看得世界是煩惱困苦，怕生活，怕經驗，所以才創造這些世界來引誘人。但是實際主義學者像捷姆斯一般人都說世界是人造的，很危險的，很不平安的，人類該當由經驗去找安樂，該當冒險去造世界。假使有上帝，那麼彷彿上帝對我們說：「我是不能為你們的安樂保險的，但是你們畢竟努力，或者可以得著安樂。」實際主義的意思，以為唯有懦夫是不敢生活的，否則都應該在這實在世界中討生活。

現在我把實驗主義的要點說起來作一總述，我們人類當從事實上求真確的知識，訓練自己去利用環境的事務，養成創造的能力，去做真理的主人。

不要拋棄學問

趁現在年富力強的時候，努力做一種專門學問。少年是一去不復返的，等到精力衰時，要做學問也來不及了。

諸位畢業同學：你們現在要離開母校了，我沒有什麼禮物送給你們，只好送你們一句話罷。

這一句話是：「不要拋棄學問。」以前的功課也許有一大部分是為了這張畢業文憑，不得已而做的，從今以後，你們可以依自己的心願去自由研究了。趁現在年富力強的時候，努力做一種專門學問。少年是一去不復返的，等到精力衰時，要做學問也來不及了。即為吃飯計，學問絕不會辜負人的。吃飯而不求學問，三年五年之後，你們都要被後進少年淘汰掉的。到那時再想做點學問來補救，恐怕已太晚了。

有人說：「出去做事之後，生活問題急須解決，那有工夫去讀書？即使要做學問，既沒有圖書館，又沒有實驗室，那能做學問？」

我要對你們說：凡是要等到有了圖書館方才讀書的，有了圖書館也不肯讀書。凡是要等到有了實驗室方才做研究的，有了實驗室也不肯做研究。你有了決心要研究一個問題，自然會撙衣節食去買書，自然會想出法子來設置儀器。

至於時間，更不成問題。達爾文一生多病，不能多作工，每天只能做一點鐘的工作。你們看他的成績！每天花一點鐘看十頁有用的書，每年可看三千六百多頁書；三十年可讀十一萬頁書。

諸位，十一萬頁書可以使你成一個學者了。可是，每天看三種小報也得費你一點鐘的工夫；四圈麻將也得費你一點半鐘的光陰。看小報呢？還是打麻將呢？還是努力做一個學者呢？全靠你們自己的選擇！

易卜生說：「你的最大責任是把你這塊材料鑄造成器。」學問便是鑄器的工具。拋棄了學問便是毀了你們自己。

再會了！你們的母校眼睜睜地要看你們十年之後成什麼器。

爭取學術獨立的十年計畫

世界現代學術的基本訓練……受了基本訓練的人才……本國需要解決的科學問題……和世界各國的學人與研究機構分工合作……

我很深切的感覺中國的高等教育應該有一個自覺的十年計劃，其目的是要在十年之後建立起中國學術獨立的基礎。

我說的「學術獨立」，當然不是一班守舊的人們心裡想的「漢家自有學術，何必遠去歐美」。我絕不想中國今後的學術可以脫離現代世界的學術而自己尋出一條孤立的途徑，我也絕不主張十年之後就可以沒有留學外國的中國學者了。

我所謂「學術獨立」必須具有四個條件：

(一)世界現代學術的基本訓練，中國自己應該有大學可以充分擔負，不必向國外去尋求。(二)受了基本訓練的人才，在國內應該有設備夠用和師資良好的地方，可以繼續作專門的科學研究。(三)本國需要解決的科學問題如工業問題、醫藥與公共衛生問題、國防工業問題等等，在國內都應該有適宜的專門人才與研究機構可以幫助社會國家尋求得解決。(四)對於現代世界的學術，本國的學人與研究機構應該和世界各國的學人與研究機構分工合作，共同擔負人類學術進展的責任。

要做到這樣的學術獨立，我們必須及早準備一個良好的、堅實的基礎。所以我提議，中國此時應該有一個大學教育的十年計劃，在十年之內，集中國家的最大力量，培植五個到十個成績最好的大學，使他們盡力發展他們的研究工作，使他們成為第一流的學術中心，使他們成為國家學術獨立的根據地。

這個十年計劃也可以分做兩個階段。第一個五年，先培植起五個大學；五年之後，再加上五個大學。這個分兩期的方法有幾種好處：第一，國家的人才與財力恐怕不夠同時發展十個第一流的大學；第二，先用國家力量培植五所大學，可以策勵其他大學努力向上，爭取第二期五個大學的地位。

我提議的十年計劃，當然不是只顧到那五個、十個大學，而不要那其餘的大學和學院了，說的詳細一點，我提議：

（一）政府應該下大決心，在十年之內，不再添設大學或獨立學院。

（二）本年憲法生效之後，政府必須嚴格實行憲法第一百六十四條的規定，「教育文化科學之經費，在中央不得少於其預算總額百分之十五，在省不得少於其預算總額百分之二十五，在市縣不得少於其預算總額百分之三十五。」全國人民與人民團體應該隨時監督各級政府嚴格執行。

（三）政府應該有一個高等教育的十年計劃，分兩期施行。

（四）在第一個五年裡，挑選五個大學，用最大的力量培植他們，特別發展他們的研究所，使他們能在已有的基礎之上，在短期間內，發展成為現代學術的重要中心。

（五）在第二個五年裡，繼續培植前期五個大學之外，再挑選五個大學，用同樣的力量培植他們，特別發展他們的研究所，使他們在短期內發展成為現代學術的重要中心。

（六）在這十年裡，對於其餘的四十多個國立大學和獨立學院，政府應該充分增加他們的經費，擴充他們的設備，使他們有繼續整頓發展的機會，使他們成為各地最好的大學；對於有成績的私立大學和獨立學院，政府也應該繼續民國二十二年以來補助私立學校的政策，給他們適當的補助費，使他們能繼續發展。

（七）在選擇每一期的五個大學之中，私立的學校與國立的學校應該有同樣被挑選的機會，選擇的標準應該注重人才、設備、研究成績。

（八）這個十年計劃應該包括整個大學教育制度的革新，也應該包括「大學」的觀念的根本改換。近年所爭的幾個學院以上才可辦大學，簡直是無謂之爭。今後中國的大學教育應該朝著研究院的方向去發展。凡能訓練研究工作的人才的，凡有教授與研究生做獨立的科學研究的，才是真正的大學。凡只能完成四年本科教育的，儘管有十院七八十系，都不算是將來的最高學府。從這個新的「大學」觀念出發，現行的大學制度應該及早徹底修正，多多減除行政衙門的干涉，多多增加學術機關的自由與責任。例如現行的學位授予法，其中博士學位的規定最足以阻礙大學研究的發展。這部分的法令公佈了十六年，至今不能實行，政府應該早日接受去年中央研究院評議會的建議，「博士候選人之平時研究工作及博士論文，均應由政府核準設立研究所五年以上並經特許收受博士候選人之大學或獨立學院自行審查考試，審查考試合格者，由該校院授予博士學位。」今日為了要提倡獨立的科學研究，為了要提高各大學研究的尊嚴，為了要減少出洋鍍金的社會心理，都不可不修正學位授予法，讓國內有資格的大學自己擔負授予博士學位的責任。

這是我的建議的大概。這裡面我認為最重要又最簡單易行而收效最大最速的，是用國家最大力量培植五個到十個大學的計劃。眼前的人才實在不夠分配到一百多個大學與學院去。（照去年夏天的統計，全國有28個國立大學，18個國立學院，20個私立大學，13個省立學院，21個私立學院，共計100個。此外還有48個公私立專科學校）試問中國第一流的物理學者，國內外合計，有多少人？中國專治西洋歷史有成績的，國內外合計，有多少人？這都是大學必不可少的學科，而人才稀少如此。學術的發達，人才是第一要件，我們必須集中第一流的人才，替他們造成最適宜的工作條件，使他們可以自己做研究，使他們可以替全國訓練將來的師資與工作人員。有了這五個、十個最高學府做學術研究的大本營，十年之後，我相信中國必可以在現代學術上得著獨立的地位。

這不是我過分樂觀的話，世界學術史上有許多事實可以使我說這樣大膽的預言。

在我出世的那一年（1891），羅氏基金會決定捐出二千萬美金來創辦芝加哥大學。第一任校長哈勃爾（w. r. harper）擔任籌備的事，他周遊全國，用當時空前的待遇（年俸 7500 元）選聘第一流人物做各院系的主任教授，美國沒有的，他到英國歐洲去挑。一年之後，人才齊備了，設備夠用了，開學之日，芝加哥大學就被公認為第一流大學。一個私家基金會能做到的事，一個堂堂的國家當然更容易做得到。

更數上去十多年，一八七六年，吉爾門校長（d. c. gilman）創立霍鏗斯大學，專力提倡研究院的工作。那時候美國的大學還都只有大學本科的教育。耶魯大學的研究院成立於一八七一年，哈佛大學的研究院成立於一八七二年，吉爾門在霍鏗斯大學才創立了專辦研究院的新式大學，打開了「大學是研究院」的新風氣。當時霍鏗斯大學的人才盛極一時，哲學家如杜威，如羅以斯（royce），經濟學家如伊黎（ely），政治學家如威爾遜總統，都是霍鏗斯大學研究院出來的博士。在醫學方面，當霍鏗斯大學開辦時（1876），美國全國還沒有一個醫學院是有研究實驗室的設備的！吉爾門校長選聘了幾個有研究成績的青年醫學家，如倭斯勒（osler）、韋爾渠（wellch）諸人，創立了第一個注重研究提倡實驗的醫學院，就奠定了美國新醫學的基礎。所以美國史家都承認美國學術獨立的風氣是從吉爾門校長創立大學研究院開始的。一個私人能倡導的風氣，一個堂堂的國家當然更容易做得到。

所以我深信，用國家的大力來造成五個十個第一流大學，一定可以在短期間內做到學術獨立的地位。我深信，只有這樣集中人才，集中設備，只有這一個方法可以使我們這個國家走上學術獨立的路。

一個防身藥方的三味藥

第一味藥叫做「問題丹」。第二味藥叫做「興趣散」。第三味藥叫做「信心湯」。

畢業班的諸位同學，現在都得離開學校去開始你們自己的事業了，今天的典禮，我們叫做「畢業」，叫做「卒業」，在英文裡叫做「始業」（commencement）。你們的學校生活現在有一個結束，現在你們開始進入一段新的生活，開始撐起自己的肩膀來挑自己的擔子，所以叫做「始業」。

我今天承畢業班同學的好意，承閻校長的好意，要我來說幾句話。我進大學是在五十年前（1910），我畢業是在四十六年前（1914），夠得上做你們的老大哥了，今天我用老大哥的資格，應該送你們一點小禮物。我要送你們的小禮物只是一個防身的藥方，給你們離開校門，進入大世界，作隨時防身救急之用的一個藥方。

這個防身藥方只有三味藥：

第一味藥叫做「問題丹」。

第二味藥叫做「興趣散」。

第三味藥叫做「信心湯」。

第一味藥，「問題丹」。就是說，每個人離開學校，總得帶一兩個麻煩而有趣味的問題在身邊作伴，這是你們入世的第一要緊的救命寶丹。

問題是一切知識學問的來源，活的學問、活的知識，都是為瞭解答實際上的困難，或理論上的困難而得來的。年輕入世的時候，總得有一個兩個不大容易解決的問題在腦子裡，時時向你挑戰，時時笑你不能對付他，不能奈何他，時時引誘你去想他。

只要你有問題跟著你，你就不會懶惰了，你就會繼續有知識上的長進了。

學堂裡的書，你帶不走；儀器，你帶不走；先生，他們不能跟你去，但是問題可以跟你走到天邊！有了問題，沒有書，你自會省吃省穿去買書；沒有儀器，你自會賣田賣地去買儀器！沒有好先生，你自會去找好師友；沒有資料，你自會上天下地去找資料。

各位青年朋友，你今天離開學校，夾袋裡準備了幾個問題跟著你走？

第二味藥，叫做「興趣散」。這就是說，每個人進入社會，總得多發展一點專門職業以外的興趣——「業餘」的興趣。

你們多數是學工程的，當然不愁找不到吃飯的職業，但四年前你們選擇的專門職業，真是你們自己的自由志願嗎？你們現在還感覺你們手裡的文憑真可以代表你們每個人終身的志願，終身的興趣嗎？——換句話說，你們今天不懊悔嗎？明年今天還不會懊悔嗎？

你們在這四年裡，沒有發現什麼新的、業餘的興趣嗎？在這四年裡，沒有發現自己在本行以外的才能嗎？

總而言之，一個人應該有他的職業，又應該有他的非職業的玩意兒，不是為吃飯而是心裡喜歡做的，用閒暇時間做的，——這種非職業的玩意兒，可以使他的生活更有趣、更快樂、更有意思，有時候，一個人的業餘活動也許比他的職業還更重要。

英國十九世紀的兩個哲學家，一個是彌爾（j。s。mill），他的職業是東印度公司的祕書，他的業餘工作使他在哲學上、經濟學上、政治思想史上，都有很大的貢獻。一個是斯賓塞（herbert spencer）a，他是一個測量工程師，他的業餘工作使他成為一個很有勢力的思想家。

英國的大政治家邱吉爾，政治是他的終身職業，但他的業餘興趣很多，他在文學、歷史兩方面，都有大成就；他用餘力作油畫，成績也很好。

今天到「自由中國」的貴賓，美國大總統艾森豪先生，他的終身職業是軍事，人都知道他最愛打高爾夫球，但我們知道他的油畫也很有功夫。

各位青年朋友，你們的專門職業是不用愁的了，你們的業餘興趣是什麼？你們能做的，愛做的業餘活動是什麼？

第三味藥，我叫他做「信心湯」。這就是說，你總得有一點信心。

我們生存在這個年頭，看見的、聽見的，往往都是可以叫我們悲觀、失望的——有時候竟可以叫我們傷心，叫我們發瘋。

這個時代，正是我們要培養我們的信心的時候，沒有信心，我們真要發狂自殺了。

我們的信心只有一句話：「努力不會白費」，沒有一點努力是沒有結果的。

對你們學工程的青年人，我還用多舉例來說明這種信心嗎？工程師的人生哲學當然建築在「努力不白費」的定律的基石之上。

我只舉這短短幾十年裡大家都知道的兩個例子：

一個是亨利．福特（henry ford），這個人沒有受過大學教育，他小時半工半讀，只讀了幾年書，十六歲就在一小機器店裡作工，每週工錢兩塊半美金，晚上還得去幫別家做夜工。

五十七年前（1903）他三十九歲，他創立 ford motor co.（福特汽車公司），原定資本十萬元，只招得兩萬八千元。

五年之後（1908），他造成了他的最出名的 model t 汽車，用全力製造這一種車子。

一九一三年——我已在大學三年級了，福特先生創立他的第一副「裝配線」（assembly line）。

一九一四年，——四十六年前，——他就能夠完全用「裝配線」的原理來製造他的汽車了。同時（1914）他宣布他的汽車工人每天只工作八點鐘，比別處工人少一點鐘——而每天最低工錢五元美金，比別人多一倍。

他的汽車開始是九百五十元一部，他逐年減低賣價，從九百五十元直減到三百六十元——第一次世界大戰之後，減到二百九十元一部。

他的公司，在創辦時（1903）只有兩萬八千元的資本，——到二十三年之後（1926）已值得十億美金了！已成了全世界最大的汽車公司了。一九一五年，他造了一百萬部汽車，一九二八年，他造了一千五百萬部車。

他的「裝配線」的原則在二十年裡造成了全世界的「工業新革命」。

福特的汽車在五十年中征服全世界的歷史還不能叫我們發生「努力不白費」的信心嗎？

第二個例子是航空工程與航空工業的歷史。

也是五十七年前——一九〇三年十一月十七，正是我十二整歲的生日，——那一天，在北加羅林那州的海邊 kitty hawk（基帝霍克）沙灘上，兩個修理腳踏車的匠人，兄弟兩人，用他們自己製造的一隻飛機，在沙灘上試起飛，弟弟叫 owille wright，他飛起了十二秒鐘。哥哥叫 wilbur wright，他飛起了五十九秒鐘。

那是人類製造飛機飛在空中的第一次成功，——現在那一天（十二月十七日）是全美國慶祝的「航空日」——但當時並沒有人注意到那兩個弟兄的試驗，但這兩個沒有受過大學教育的腳踏車修理匠人，他們並不失望，他們繼續試飛，繼續改良他們的飛機，一直到四年半之後（1908 年 5 月），才有重要的報紙來報導那兩個人的試飛，那時候，他們已能在空中飛三十八分鐘了！

這四十年中，航空工程的大發展，航空工業的大發展，這是你們學工程的人都知道的，航空工業在最近三十年裡已成了世界最大工業的一種。

我第一次看見飛機是在一九一二年。我第一次坐飛機是在一九三〇年（30 年前）。我第一次飛過太平洋是在二十三年前（1937），第一次飛過大西洋是在十五年前（1945）。當我第一次飛渡太平洋的時候，從香港到舊金山總共費了七天！去年我第一次坐jet機，從舊金山到紐約，五個半鐘點飛了三千英里！下月初，我又得飛過太平洋，當天中午起飛，當天晚上就到美國西岸了！

五十七年前，kitty hawk沙灘上兩個腳踏車修理匠人自造的一個飛機居然在空中飛起了十二秒鐘，那十二秒鐘的飛行就給人類打開了一個新的時代，——打開了人類的航空時代。

這不夠叫我們深信「努力不會白費」的人生觀嗎？

古人說：「信心可以移山」（faith moves mountains），又說：「功不唐捐」（唐是空的意思），又說：「只要功夫深，生鐵磨成繡花針。」

青年的朋友，你們有這種信心沒有？

大學教育與科學研究

這些大學不斷的繼長增高，設備一天天增加，學風一天天養成，這樣才有了科學研究。

方才進禮堂來，看大家都是有顏色的，我卻是沒顏色的。我在政治上沒有顏色，在科學上也沒有顏色。我也可算是一個科學者，因為歷史也算一種科學。凡是用一種嚴格的求真理的站在證據之上來立說來發現真理，凡拿證據發現事實，評判事實，這都是一種科學的。希望明年「雙十節」，史學會也能參加這會，條子也許會是白顏色的。

我今天講一個故事，希望給負責教育行政或負責各學會大學研究部門的先生們一點意見。我講的題是「大學教育與科學研究」，不用說，科學研究是以大學為中心。在古代卻以個人為出發點，以個人好奇心理，來造些粗糙器皿。還有，為什麼科學發達起於歐洲呢？這一點很值得注意。對這雖有不少解釋，可是我認為種種原因都不重要，最重要的是自中古以來留下好幾十個大學。這些大學沒有間斷，如義大利伯羅尼亞大學，法國巴黎大學，英國牛津大學、劍橋大學等，這些都是遠有一千年九百年或七八百年歷史的，因此造成科學的革命。這些大學不斷的繼長增高，設備一天天增加，學風一天天養成，這樣才有了科學研究。研究人員終身研究，可是研究人才是從大學出來的，他們所表現的精神是以真理求真理。這一個故事是講美國在最近幾十年當中造成了幾個好大學。美國以前沒有 university 只有 college，美國有名副其實的大學是在南北美戰爭以後。為什麼在七十年當中，美國一個人創立了一個大學，從這一個人創立了大學，提倡了新的大學的見解、觀念、組織，把美國高等教育革命，因而才有今天使美國成為學術研究中心呢？美國去年出版了兩個紀念專集，一個是威爾基專集，一個是吉爾曼專集。吉爾曼（d．c．gilman）創立了約翰斯．霍普金斯（jouns hopkings university）大學，後來許多大學都跟著他走，結果造成了今日美國學術領導的地位。大家聽了這個故事，也許會從中得到一個 stimulation。

話說九十四年前，有兩個在耶爾學院的畢業生，一個是二十一歲的懷特，一個是二十五歲的吉爾曼，那時美國駐蘇公使令此二人作隨員，一個作了三年多，一個作了兩年多。懷特於三十五歲時做了康乃爾大學校長，吉爾曼四十一歲作了加利佛尼亞大學校長，吉氏未作長久，兩年後就辭職了。當時在美國東部鮑爾梯瑪城有一大富翁即霍普金斯，他在幼小時家窮，隨母讀書後去城內作買賣，因賺錢而開一公司，未幾十年就當了財主。他在七十歲時立一遺囑，要將所有遺產三百五十萬美金分給一醫學院和一大學作基金。一八七三年，他七十九歲時逝世，他的遺囑生了效。翌年，即開始創辦大學，當時董事會請哈佛大學校長艾利阿特（c．w．eliot）、康乃爾大學校長懷特和密士根大學校長安其爾來研究。那時以如此巨款辦大學，真是空前的一件事，那時該校董事長的意思是要辦一「大學」，可是請來的這三位校長卻勸他們要顧及環境，說什麼南方不如北方文化高啦，辦大學不是從空氣裡能生長的等語。後來，董事會請他們三人推選校長，三人卻不約而同的選出吉爾曼來當校長。吉爾曼做了校長，他發表了他的見解說，應全力提倡高等學術，致力於提倡研究考據，把本科四年功課讓給別的學校教，我們來辦研究院，我們要選科學界最高人才，給他們最高待遇，然後嚴格選取好學生，使他們發展到學術最高地步，每年並督促研究生報告研究成績，並給予出版發表機會。因為那時的高才的教授們，都在教學院的學識淺近的學生，或受書店委託編淺近的教科書，如果給他們安定的生活，最高的待遇，便可以專心從事更高深的研究。這時吉爾曼四十四歲作該大學校長，並且，他決定了以下的政策：研究院外，辦理附屬本科。最初附屬本科只二十三個學生，研究院五十多個，大約二與一之比：可是二十多年以後，研究院的學生到了四百多，附屬本科僅一百多，卻是四與一之比了。並且，第一步他聘請教授，第一位請的是希臘文教授費爾斯，四十五歲；第二位是物理學教授勞林，才二十八歲；第三位是數學教授塞爾威斯特，六十二歲；第四位是化學教授依洛宛斯；第五位是生物學教授紐爾馬丁；第六位也是希臘文拉丁文教授查爾瑪特斯。第二步他選了廿二個研究員，其中至少有十個以上成了大名。他的教授法，第一二年是背書，後二年講演，自然科學也是講演。第三步是創辦科學刊物，這可算是美國發表科學刊物之創始。一八七六年，出版算學雜誌，一八八〇年創刊語言學雜誌，以及歷史政治學雜誌、邏輯學雜誌，醫學雜誌等八大雜誌，而開始了研究風氣。

以上這三件事使美國風雲變色。在這裡我再談談辦醫學研究的重要：這個大學開幕已十年，醫學院尚未開辦，但因投資鐵路失敗，鮑爾梯瑪城之女人出來集款，願擔負五十萬美金的開辦費，但有一條件是醫學院開放招收女生。

當這大學的方針發表後，全美青年震動，有一廿一歲之青年威爾其（welch），剛畢業於紐約醫科學校。那時無一校有實驗室，他因欲入大學，一八七六年赴歐洲作三學期之研究，一八七八年回美國，可是找不到實驗室。最後終找一小屋，這是第一個美國「病理學研究室」，以廿五元開辦。他作了五六年研究後，有一老人來找他，請他作霍普金斯醫學院病理學教授，後並升任院長，創專任基本醫學教授之制，而成立了醫學研究所。

最後，吉爾曼於一九〇二年辭掉他已作了廿五年的校長，在那個典禮上，吉爾曼講演，他說：約翰斯．霍普金斯給我們錢辦大學，可是沒有告訴我們大學的一個定義。我們要把創見的研究，作為大學的基礎。這時，後來任美國總統，也是那個大學的第一班學生威爾遜站起來說：「你是美國第一個大學的創始者，你發現真理、提倡研究，不但是在我們學校有成績，給世界大學也有影響。你創始了這師生合作的精神，你是偉大的。」同時，以前曾被邀請參加創辦大學意見的哈佛大學校長艾利阿特發表談話，他說：「你創立了研究院的大學，並且堅決的提高了全國各大學的學術研究，甚至連我們的哈佛研究院也受了你的影響，不得不用全體力量來發展研究。我要強調指出，大學在你領導之下是大成功，是提倡科學研究的創始，希望發現一點新知識，由此更引起新知識，這年輕的大學，有最多的成績。我最後公開承認你的大學政策整個範圍是對的。」

電子書購買

爽讀 APP

國家圖書館出版品預行編目資料

知識的追求：胡適論治學途徑 / 胡適 著 . -- 第一版 . -- 臺北市：複刻文化事業有限公司，2024.01
面； 公分
POD 版
ISBN 978-626-7426-12-8(平裝)
1.CST: 胡適 2.CST: 治學方法 3.CST: 教育哲學 4.CST: 文集
520.1107 112021652

知識的追求：胡適論治學途徑

臉書

作　　者：胡適
發 行 人：黃振庭
出 版 者：複刻文化事業有限公司
發 行 者：複刻文化事業有限公司
E-mail：sonbookservice@gmail.com
粉 絲 頁：https://www.facebook.com/sonbookss/
網　　址：https://sonbook.net/
地　　址：台北市中正區重慶南路一段六十一號八樓 815 室
Rm. 815, 8F., No.61, Sec. 1, Chongqing S. Rd., Zhongzheng Dist., Taipei City 100, Taiwan
電　　話：(02) 2370-3310　　　傳　　真：(02) 2388-1990
印　　刷：京峯數位服務有限公司
律師顧問：廣華律師事務所 張珮琦律師
定　　價：320 元
發行日期：2024 年 01 月第一版
◎本書以 POD 印製